吉尾博和
Yoshio Hirokazu

シュンペーターの社会進化とイノベーション

Joseph Alois Schumpeter

論 創 社

はしがき

今日、イノベーション（革新）という言葉は、さまざまなメディアで頻繁に見聞きする。これは政策レベルでも個々の企業レベルでも日本の生き残りをかけた最も重要な課題であり、このことが広く認知されはじめたからである。

およそ一世紀前、ヨーゼフ・アロイス・シュンペーターにより著された『経済発展の理論』（一九一二）において「新結合」として述べられた「革新」という言葉は、一部の研究者のみの知るところではなくなり、ようやく市民権を得た。

ただし、イノベーションがシュンペーターによって、はじめて経済学に導入されたことを知る人は少ないし、ましてイノベーションによって引き起こされる景気循環メカニズムを詳述したかれの主著『景気循環論』（一九三九）についてはなおさらである。

このことは経済学のテキストにおいて現れている。テキストの大半は新古典派のミクロ理論とケインズによるマクロ理論で占められており、シュンペーターの理論はおろか名前さえも見出し難い。

戦後の経済学の発展は新古典派のミクロ理論とケインズのマクロ理論を接合し、精緻化と専門分野の細分化をもたらせた。八〇年代になって進化経済学、さらにネオ・シュンペーター学派が形成され新古典派を超える動きがようやく始まったが、依然として主流派が過半を占めている。問題関心が経済領域を越えた場合や長期の問題を扱う場合、主流派の経済学では対応できない。すなわち、新古典派経済学が前提とするさまざまな制度的与件は、特定の時代や地域に経済システムを特殊化しており、経済と非経済の社会諸領域との相互交渉の問題や民主主義の問題、資本主義制度の変貌に関する問題など社会全体および全体と部分についての問題などに対応できないのである。

いまだ殆んどの専門家に知られざるシュンペーターの社会科学体系は、このような問題への対応を可能にする現在残された数少ない未開拓の鉱脈である。

シュンペーターの全著作を網羅した形での体系研究はわが国で先行している。一九七一年に公刊された大野忠男著『シュムペーター体系研究』（一九七一）や塩野谷祐一著『シュンペーター的思考』（一九九五）などに代表される労作は世界に先駆けてシュンペーター体系の全貌を専門家に知らしめた。ただし、その内在的解釈をめぐっては観点の違いから、必ずしも一様ではない。

本書で構築しようと試みたシュンペーター体系の枠組みはこれまでの議論を踏まえたうえで、いくつかの問題に対する新解釈を示し、さらに一つの体系構成原理を主導概念とした統一的理解の方法を提案するものである。

私が強調して用いたのは、かれの「発展の理論」であり、これを他の社会諸領域へと応用し分析する方法（経済社会学）である。シュンペーターは『経済発展の理論』の初版第七章「国民経済の全体像」の中で、「発展の理論」の社会諸領域の分析へのアナロジーを提案し、さらに全体社会の分析についても同様のアナロジーを用いている。この場合経済領域における「発展の理論」で示された市場のもつ均衡作用と「革新」による均衡破壊のメカニズムは社会の他領域の分析に留まらず、資本主義の一国モデルの「内在的進化」にまでアナロガスに用いられる。さらにかれの「社会階級論」（一九二七）を新たな見地から理解すれば、封建制度の進化にも応用されている。

これは部分を拡大すると全体と相似になるとのフランスの数学者マンデルブローが唱えたフラクタルという概念によってよりよく説明できる。

すなわち、経済領域における「静態と動態の二分法」（発展の理論）が社会諸領域のみならず全体システムとしての資本主義や封建制度の「内在的進化」へとアナロガスに応用されて、その構造のみならず機能に関してまでもフラクタルなのである。

このように「発展の一般理論」を基本原理として、経済、政治、科学などの社会のサブシステムの内生的進化から資本主義・封建制度という全体システムについての「内在的進化」までを一元的かつフラクタルにシュンペーターが構成しているとの解釈が本書の新たな主張である。

なお、本書は過去に発表した論考を体系立ててまとめた論文集である。それゆえ、各テーマごとに「発展の一般理論」を論旨展開の土台としたため、重複している部分が多い。初学者ではない読者は重複個所を飛ばして読み進められたい。

本書が完成に至るまでには、多くの方にお世話になった。学部のゼミ以来約三〇年に亘ってご指導いただいた恩師緑川敬先生には、シュンペーター以外にも書道のご指導を受け、度々夕宴のご相伴に与った。同様に恩師板垣與一先生は中山伊知郎先生からのご指示で、シュンペーターの『経済発展の理論』の下訳をされたり、昭和六年のシュンペーター訪日の際、講演場所の国立から宿舎の帝国ホテルまで送られたときにシュンペーターから直に情熱あふれるお話を伺うなど、直接シュンペーターと接した、かれの学問の良き理解者であったが、私の研究を温かく見守ってくださった。

大野忠男先生は私の学会初報告時のコメンテーターを引き受けられて以来、さまざまにご助言され、ご著書をいただくなどお世話になった。

塩野谷祐一先生は学会でお目にかかって以来、先生のゼミや講義に出させていただき、私の拙い論文にご助言頂いたうえ、ご著作を度々頂いた。

嶋津格先生には博士論文の作成に当たって多くのご助言と激励をいただいた。

校正の段階では同僚の増澤洋一教授に多大のご協力をいただいた

また、本書の出版に際し、論創社社長森下紀夫氏にお世話になった。ここに記して感謝申し上げる。

二〇一五年　早春

著　者

シュンペーターの社会進化とイノベーション　目次

第1章　序論　経済社会学の方法と本書の目的

第2章　シュンペーターの経済社会学と資本主義進化

第6章　シュンペーターの総合的社会科学と科学進化
——発展の一般理論の応用

第1章　序論　経済社会学の方法と本書の目的

1　シュンペーターの経済社会学

(1) 経済社会学とヴィジョン

かつてのシュンペーターの高弟の一人であり、国際シュンペーター学会創立時の初代会長を務めたストルパー（W.F.Stolper）は、その第一回設立大会（一九八六）の報告論集である『進化経済論』（Hanusch,ed. 1988）の第一章において、シュンペーターの主要な関心と貢献としてかれの「経済社会学」（Economic Sociology）を挙げる。なかでも、他の経済学者に比してシュンペーターの存在を際立たせている特徴をその「ヴィジョン」に求めこれを高く評価している。(Stolper, 1988, p.10)[1]

周知のように、シュンペーターは『経済発展の理論』日本語版への英文序文において、かれのヴィジョンを簡潔に述べている。「わたしは時間の中における経済変化の過程に関する理論的モデルを構築しようと試みた。あるいはより正確に言うならば、経済体系が自らを不断に転形させる力をいかにして生み出すか、という問題に答えようとした」のであり、これは「経済体系それ自身によって生み出された独自な過程としての経済進化のヴィジョン」である。(Schumpeter : 1951, pp.158-59)

シュンペーターによれば、このような経済進化の「内生理論」は新古典派の成長論に見られるように、経済成長の要因を貯蓄や人口の増加などの外的要因に帰せしめる外生理論とは異なり、前者は「発展の理論」、後者は「環境理論」(Milieu Theorie) とよばれる。

このようなシュンペーターによる与件変化の内生理論の立場に立って、ストルパーは、近年の成長論における動学化の試みの成果として、均衡理論の精緻化や集計理論の彫琢を評価しつつも、これらの理論は成長を引き起こす投資がいかにして経済体系内部から生じるかを問題にしていないとして新古典派的アプローチには概ね批判的である。(*Ibid.*, : pp.12-14)

さて、ストルパーはシュンペーターの主要な貢献として評価した、かれの経済社会学の意味するところについて何も述べていないが、シュンペーターの経済社会学とその想源としての内生的進化のヴィジョンとの関連を明らかにするために、後に詳述するかれの経済社会学の要点を簡潔に述べることとする。

のちに述べるように、シュンペーターの経済社会学体系の形成は、以下のような段階を経て行われた。まず第一に、狭義の経済理論(市場の静学分析)にとって与件とされる、貯蓄、人口、技術、組織等のうち技術や組織などの一部の与件を「革新」の内発的要因として理論モデルに内生化し、その一般的作用様式を定式化することによって、『経済発展の理論』(一九一二)を確立した。つぎに、『景気循環論』(一九三九)で約五〇年周期のコンドラチェフ循環を導入することによって、「経済発展の理論」では一定とされた制度的与件(商慣習や時代精神を含む)の歴史的変化をも、「革新」を原動力とする経済的変化の過程に結びつけ、これらを「景気循環モデル」

に内生化した。

最後に、『資本主義・社会主義・民主主義』(一九四二)において、経済領域の「革新」を原動力とする作用は、経済にとっての制度的与件としての社会のあらゆる非経済的領域との相互作用を通じて、資本主義の全体社会の進化をもたらすが、この場合、社会のあらゆる領域は相互に影響し合い、「革新」による経済領域の変化を主導要因として、この社会進化のモデルに内生化されるのである。

ところで、シュンペーターの経済社会学の形成をこのような「革新」を主軸とした各レベルにおける与件の内生化と理解するならば、かれが自身の体系を構築するにあたってその構想の基盤となったヴィジョンとの関連が問題とされねばならない。

先に述べたように、シュンペーターの経済社会学の想源は「内生的進化」のヴィジョンである。すなわち、彼が構築した『経済発展の理論』、『景気循環論』、『資本主義・社会主義・民主主義』は上述のように、経済体系に内発的な「革新」を主体的契機として、それぞれのレベルで理論モデルにとっての与件を内生化してその進化モデルを構築しており、その意味で、この「内生的進化」のヴィジョンは、シュンペーターによる社会の発展現象についてのあらゆる著作に共通する彼の体系の構成原理となっていると思われる。そしてこれが本論文において解明しようとした主要な目的の一つである。

(2) 経済社会学の方法

日本においてシュンペーターの著作群のうち、学説史に関する諸著作群を除いた、「大きな体系」をはじめて明らかにし、さらにかれの経済社会学の方法を解明したのは、大野忠男である。かれはその著書『シュムペーター体系研究』(一九七一) 第三章「経済社会学の根本問題」において、シュンペーターの経済学体系とその方法の問題を論じている。

われわれの解釈によるシュンペーターの経済社会学の方法は大野解釈を踏まえ、さらにこれから一歩踏み出したものとなるので、ここに先ず、大野によって解明されたシュンペーターによる経済社会学の方法の要旨を述べることとする。

さて、シュンペーターは処女作『理論経済学の本質と主要内容』(一九〇八) でワルラスの一般均衡理論をもとに、これにオーストリア学派の帰属理論を取り入れ、歴史学派が支配的であった当時のドイツにおいてこの純粋理論を提示した。この純粋な精密理論とはある仮説にもとづいて経済諸量の関連を究明する抽象的な構成物であり、静学的交換理論を意味する。これが対象とするのは「価値・価格・貨幣」の問題であり、その内容は市場の静学分析である。『本質と主要内容』において、シュンペーターは社会科学の諸領域から精密な運用を可能とする範囲を静学に限定し、その他の問題はすべて「与件」に一括し、「動学」に属するものとして排除した。経済学の純粋理論としての論理的自足性の確立は、その帰結として、経済理論(静学)から排除された、ただし経済問題の解明にとって重要な諸要因についての学問分野の独立へと導く。すなわち、これが与件の理論あるいは経済社会学である。
シュンペーターは静学から排除された、これらの「動学的問題群」を扱う「動学」として『経済発展の理論』（一九一二）を著した。この「動学的問題群」とは第一に、資本形成、資本利子、企業者利潤、景気循環などであるが、視野を拡大した第二段階では、長期波動、帝国主義、社会階級、価値体系などである。

かれによる発展の理論の特色は、市場機構の純粋理論（静学）に「企業者」行動により引き起こされる「革新」についての新しい仮説を付加することによって、動態的な競争経済の「作用方式」を定式化しようとしたことである。

均衡理論では経済変動は与件の変化（人口、資本、技術等々の変化）ないし体系外的要因によって引き起こされた「攪乱現象」とみなされ、これらの要因の解明に重点がおかれた。これに対してシュンペーターの理論は「企業者」を中心とした「発展のメカニズム」を分析するものであり、換言すると、与件の変化の「作用方式を定式化する」ものである。すなわち、かれは人口、資本、需要などの与件の変化に比べて、技術、生産組織の変化に本質的に動態的な契機が見られ、そこから生じる現象が「独自なメカニズムのはたらき」という一般図式ないしモデルの形で理解することができるとみなした。

このようにしてシュンペーターは一部の与件を発展の理論に内生化し、内生的な経済発展の理論を確立した。さらに、発展の理論は「企業者」を中軸とした革新プロセスにおいて、企業者利潤、資本、信用、景気の回転などの「動学的問題群」を解明する。

さて、純粋静学理論はその与件として人口、欲望、技術、社会制度を一定とみなし、理論分析はこれに至ると停止する。純粋動学理論としての発展の理論はそれらの与件の一部についての一般的な作用方式を定式化したものである。しかし、資本主義を単なる経済システムではなく、歴史的に固有の全体的社会文化体系と捉えるならば、長期的な変動が分析の対象となり、経済発展の理論で一定とされていた非経済的要因が、経済発展との関連で定式化され、理論体系に内生化されねばならない。つまり、これらの要因を経済過程に外部から影響を与える要因としてではなく、あくまでも、経済発展から誘発されたものとして捉え、そのうえで、これらの一般的な作用方式の定式化が求められるのである。すなわち、価値体系を含む広義の制度的与件の理論としての経済社会学が要請されるのである。これについて、かれは経済発展の理論のもつ特性によってこの問題にこたえた。すなわち、「企業者」は経済的な存在であると同時に各時代の制度的要因や価値図式などの社会的要因により規定されるという特性もつのであり、これによって経済過程と社会過程との関連を分析的に記述することが可能となる。二つの過程の分析の総合へと道が開かれたのである。

主著『景気循環論』（一九三九）においてシュンペーターは、約五〇年を周期とするコンドラチェフ長期波動を導入し、過去二五〇年にわたる資本主義進化の理論的、歴史的、統計的分析をおこなった。この景気循環論では「革新」による「創造的破壊」の過程が長期の制度的変化を説明し、そこでは「資本主義の制度的、文化的要因はこの過程に外的なものではなく、資本主義進化の過程の派生的現象として、この過程の内部から生まれたものに他ならない。かれはこのように初めに発展の純粋過程から出発し、ついで制度的与件を内生化」した。（大野：一九七一、九二頁）

さらに、後に述べるように、『資本主義・社会主義・民主主義』において、かれは資本主義文明が長期的歴史過程のうちに経済領域を主導部門として「内在的進化」(immanent evolution) を遂げると指摘した。

したがって、シュンペーターの「『発展の理論』は、単なる経済理論に留まるものではなかった。それは与件の内生化の段階を経ることにより漸次その体系を拡大していき、景気循環ないし資本主義過程に関する独自な歴史的理論あるいは理論的歴史になったのである。」（大野：一九七一、一〇九頁）

このようにして、シュンペーターは『本質と主要内容』で経済理論（静学）から排除した諸要因を、別の与件理論という形で、より広い経済学体系の中に取り入れた。この経済社会学はそれまでの経済理論では「所与」として仮定されていたあらゆる要因を、その研究対象とすることになる。すなわち、歴史的、社会的過程の分析がここでの主題となる。この経済社会学と経済理論との関係は、歴史と理論、社会学と経済学の問題である。

（3）理論と歴史

シュンペーターは「グスタフ・フォン・シュモラーと今日の問題」（一九二六）と題する論文において、シュモラーの行った歴史研究の方法的手続きを高く評価し、歴史と理論、経済学と社会学の問題を考察した。

彼によれば、制度的与件としての歴史的、社会的要因の分析は、価値原理から演繹された経済理論のみによっては解明されるものではなく、帰納的、すなわち、「細目研究的」かつ「資料収集的」であると同時に、また歴史事象の一般的因果的説明図式という意味で、理論的でもある特殊な学科「経済社会学」の形成を育んだのである。（Schumpeter:1926a, S.181, 邦訳四六九頁）

シュンペーターが強調したのは、経済理論と歴史研究としての経済社会学との協力関係の必要性であった。その理由としてかれは景気循環の理論を代表的な例の一つとして挙げている。一方において、景気循環は資本主義というある特定の時代の「経済様式」にのみ見られる現象であり、詳細な「歴史的」研究にもとづかなければならない。他方、景気循環論はそれまでの理論（演繹的経済静学）とは異なったものではあるが、「一般的因果的説明という最も広範な意味において」は理論である。しかも景気循環現象は「資本主義機構の本質的要因」であり、演繹的静学理論では解明できなくて、歴史的「細目研究」によってのみ理解がえられるのである。したがって、その理論ないし図式が、歴史的、制度的に条件付けられていることは明らかである。

（*Ibid.*, SS.186-87, 邦訳四七七―七八頁）

このように、理論研究と歴史研究の協働によってはじめて、かれが研究対象とした「動学的問題群」が解明され、従来の静学理論において一定とされた、歴史的、制度的与件が『経済発展の理論』、『景気循環論』、『資本主義・社会主義・民主主義』へと段階的に彼の体系において内生化されたのである。

さて、上述の理論と歴史の問題について、シュンペーターはシュモラー論のなかで、社会科学の歴史的発展を例にとり、かれの構想した「統一的社会科学」との関連で論じている。その場合、歴史の叙述に始まる「歴史の科学化」の過程において、いかにして歴史的事象の分析的＝理論的認識が確立されたかが述べられ、歴史的認識における理論一般の意義が明らかにされる。

シュンペーターによれば、歴史の科学化の始まりは、歴史叙述とは異なった関心をもつ人びとが歴史家の内部に現われ、法制史、宗教史、科学史などの専門分科が行われたという事実に求められる。そこでは特定の「認識目的」が強まり、より一層「科学的な」性格が与えられる。

つぎに、歴史学と社会諸科学との距離をさらに近づけたのは、歴史家の関心が「出来事」から「状態的なもの」へと移ったことによる。すなわち、都市形成一般、あるいは社会構造とその変化の原因などという別の問題が現われ、歴史記述において「観点の変化」、「作業方法の転回」が行われた。この場合、歴史的事件の「説明」とは異なり、社会状態とその変化を研究するためには、「分析装置」が磨かれなくてはならない。この分析装置が問題とするのは、個々の状態ではなくて、他の状態との「類似性」であり、「一般的に適用されるような」類型性である。その結果、歴史家はこれらの類型性を解明するために、「概念的装置」や「把握方法」を当該の社会科学から借りなくてはならない。

このようにして、シュンペーターは、歴史学と社会科学との間にはもはや「論理的隔壁」が存在しないという結論を引き出した（*Ibid.*, SS.170-73, 邦訳四五四―五八頁）

以上のようなシュンペーターの議論から、われわれは、歴史認識における理論の意義について知ることができる。すなわち、「歴史的事象の記述あるいは説明には、一般的概念の用具――ウェーバーの『理想型』のごときもの――が必要である。歴史的認識がこういう分析装置ないしモデルを必要とする限り、それは個別科学に依存しなければならぬ。しかし、歴史科学ないし社会科学の立場からいえば、個別科学は歴史認識のための解釈的用具を提供するにすぎない。」（大野：一九七一、八〇頁）

このような歴史の理論化の立場にたって、シュンペーターは、歴史過程のさまざまな領域、側面から、歴史的、個別的諸事象を分析し、それらの類型性を把握することによって、個々の過程を理論的に構成し、さらに、それらを総合して歴史的全体の解明へと接近しようとしたのである。シュンペーターが究極的目標として構想した「普遍的歴史」（Universalgeschichte）は、このような意味において、マルクスの一元的な哲学的歴史ではなく、また、単なる個別的歴史記述でもなく、「思惟的（理論的）に彫琢された普遍的歴史としての統一的社会学ないしは社会科学」であった。（Schumpeter:1926a, S.193, 邦訳四八六頁）

ここに至ってようやく、われわれは『景気循環論』の副題として示された、シュンペーターによる「資本主義過程の理論的、歴史的、統計的分析」の意味を理解することができる。すなわち、「資本主義の時代における経済過程」の分析としての景気循環論は、それが「歴史的時間における経済的変化」の解明であるがゆえに、「その究極目標を簡単にいえば、単なる恐慌や循環や波動ではなく、あらゆる側面における経済過程の、理論化された（概念的に明確にされた）歴史であり、これに対しては、理論は若干の用具と図式とを、統計は単に資料の一部を提供するにすぎない。」（Schumpeter:1939, vol.I, p.220, 邦訳Ⅱ三二七頁）

さて以上のような、シュンペーターによる狭義の経済理論（経済静学）を土台とした各レベルでの与件の内生化という方法により構築された経済社会学体系とその場合に生じる理論と歴史の問題へのかれの方法的解答の現代的意義について、大野は次のようにのべる。

「今日の時点において、経済学（狭義の）と社会学との関係、また歴史と理論との関係、という古くて新しい問題を再考し、もし可能ならば、それらの研究が統合されるための一般的フレーム・ワークを構想することは、きわめて有意義なことと考えられる。そして、シュムペーターはこの課題に対して、かれ独自の方法的解答を用意したのみならず、かれの著作そのものが、その方法の実践であったと言うことができるであろう。」（大野：一九七一、六三―六四頁）

このような大野により解明された、シュンペーター体系とその方法のもつ意義は、現在においても少しもその価値を減じてはいないと思われる。

2　経済社会学の方法論

シュンペーターの経済社会学の方法について論じることは、かれの経済社会学の方法論について論じることとは異なる。このような方法論の立場からシュンペーターの社会科学体系を解明したのが、塩野谷祐一による『シュンペーター的思考』（一九九五）である。

塩野谷はシュンペーター体系を「総合的社会科学」と位置づけ、経済を全体としての社会の中でとらえる構想の下に、経済社会学というアプローチをシュンペーターがとったとみなす。

かれはシュンペーターの全著作群を二つに分け、経済領域を分析対象とした静態理論、動態理論、経済社会学の三層からなる実体的理論の一組と、思想および科学の領域を分析対象とした著作群について、これを科学方法論、科学史、科学社会学の三層からなるメタ理論の一組として区別する。この場合、これらの三層のメタ理論は科学および思想の領域を経済の理論における静学、動学、社会学の三層と類比的に捉えるもので、科学の静態的構造とルールの研究（経済学方法論）、その動態的発展の研究（経済学の歴史）、そして、社会的文脈において捉えられた経済学の研究（経済学の社会学）からなる。このメタ理論の一組は、シュンペーターの著作群の中から塩野谷によって、いわば内在的に再構築されたものであり、シュンペーターによる社会的実在としての思想および科学の領域についての理論的分析を意味し、シュンペーター体系の一部分を構成するものであるが、同時にかれの実体的著作群を組織化、解釈する役割を担うものである。
この場合、メタ理論を理論との対比で言うと次のようになる。経済学を例にとると、「（前略）経済学は経済社会の分析を目的とする実体的な理論であるが、経済学の方法論、経済学の社会学および経済学の歴史はそれぞれメタ理論である。」（塩野谷：同書、八頁）
これらの科学方法論、科学社会学、科学史はそれぞれ理論ないし科学を哲学的、社会的、歴史的に扱うものである。第一の科学方法論は方法と区別され、方法が、科学の技術的手続きのルール、すなわち、先ず、概念や仮定を設定した上で、理論モデルを構築し、最後に、事実の観察に基づいて理論の検証をするといったルールを意味するのに対して、方法論はある特定の方法が選択され使用される根拠は何かについての哲学的研究である。これはある特定の方法を使用した理論を評価する基準をもたらす。この場合、科学方法論は科学哲学と同義である。第二の科学社会学は、知識社会学とも呼ばれる。これは、科学者の存在が歴史的かつ社会的な環境条件により制約されることから、かれの問題関心やヴィジョンの形成などに少なからず影響を与えるという事実を踏まえ、思想と社会との関係を取扱う。第三の科学史は科学方法論と科学社会学がそれぞれ扱う同じ研究対象を歴史的側面から取扱うものである。したがって、科学史は科学方法論と科学社会学を実証的にテストする。（塩野谷：同書、六―七頁）
以上のような、シュンペーター体系の評価の枠組み、すなわち、静態理論、動態理論、経済社会学の一組と科学方法論、科学史、科学社会学の一組とからなる枠組みを「二構造アプローチ」

と塩野谷は名づけた。かれによると、従来のシュンペーター体系の研究ではかれの経済学史についての研究が欠落しており、まして、科学方法論や科学社会学は全くカバーされていなかったのである。（塩野谷：同書、一〇頁）

このような観点から、塩野谷は同書における目的をのべている。「本書は、シュンペーターが社会に関する理論的視野と歴史的視野との総合のために、みずからの思考法によって、身をもって実践した方法論の貢献を明らかにし、その枠組みを基礎にして、彼の思想と理論の全体を再構成することを目的とする。」（塩野谷：同書、五頁）

かれは同書の第五章「道具主義の方法論」において、従来、静学の書としてあまり省みられなかった『本質と主要内容』を、科学方法論の書とみなし、シュンペーターの方法論を道具主義と解釈する。「道具主義（instrumentalism）とは、理論は記述ではなく、有益な結果を導くための道具であって、それ自身は真でも偽でもないと主張する見解である。道具主義は実在主義（realism）と対立する立場であり、後者は科学の対象は実在し、理論はその記述であり、したがって理論について真偽を問うことができると主張する。」（塩野谷：同書、一〇七頁）

塩野谷によると、シュンペーターは『本質と主要内容』において、当時の混迷状況から経済学を救うために、「方法論の観点から経済学の手続的ルールを適切に評価」しようと試みた。換言すると、「かれは新古典派経済学の手続的ルールを明らかにし、そのルールを正当化する根拠を提起しようと」したのである。シュンペーターにとって、当時の混迷は三つの無益な論争の結果であった。すなわち、「(1)理論的方法と歴史的方法との間の対立(メンガー対シュモラー)、(2)価値論をめぐる論争(古典派対新古典派対マルクス)、(3)新古典派経済学における因果的接近と関数的接近(メンガー対ワルラス)。」(塩野谷:一三二頁)

ここではのちの議論との関連から(1)の理論と歴史の問題についてのシュンペーターによる道具主義方法論の意義を見てゆく。

『経済分析の歴史』のなかでかれは、「単純化された図式」であり、かつ「単なる道具」としての理論的仮説と、都市の起源を研究する場合に用いるような、個別的事象を説明するための歴史的仮説とを比較している。(1954,pp.14-15, 邦訳二八―二九頁)歴史仮説あるいは説明的仮説は、史料編纂や統計作成の本質的部分をなし、歴史研究においてこのような仮説は不可欠である。(塩野谷:前掲、一三四頁)

塩野谷によれば、シュンペーターは『本質と主要内容』でこの二つの仮説を以下のように区別した。

「(1)歴史的仮説は観察可能な現象の世界についての言明でありうる。それに対し、理論的仮説は(中略)形式的仮定であって、現象の世界に対応物を必要としない。(2)歴史的仮説は観察の及ばない事実を再構成する場合には、経験的テストによる検証を必要とするが、理論的仮説は恣意的な構築物であり、道具的目的を果たすことができれば、それ自身真である必要はない。(3)歴史的仮説は成果としての認識を表すが、理論的仮説は単なる方法的な補助物であって、それ自身は何の意味もない。（4）歴史的仮説は意見の相違の対象となりうるが、理論的仮説にとっては現実性は問題ではなく、有用性のみが問題である。」（塩野谷：同書、一三四―一三五頁）

彼の道具主義では、「理論的仮説が形而上学的な本質の実在の記述でもなく、具象的な歴史の記述でもない。」（塩野谷：同書、一三五頁）このようにして、塩野谷は、『本質と主要内容』においてシュンペーターが、道具主義に基づいて理論と歴史を峻別し、ドイツ歴史学派が理論を抑圧している環境の中で、理論の立場を擁護したと論じている。

前述のように、のちにシュンペーターが経済社会学の研究に乗り出すようになると、理論と歴史の峻別ではなく、「動態的問題群」を取り扱うために、むしろ両者の間の協同を主張した。

この点について、塩野谷は、シュンペーターの経済社会学が理論的仮説であり、道具主義の方法論の適用を許すものであるという立場から、『シュンペーター的思考』の第八章「経済社会学の方法論」において、理論と歴史の総合としてのシュンペーターの経済社会学について、その方法論的な位置づけを試みる。

シュンペーターは『経済分析の歴史』において、経済社会学を「一種の一般化され、典型化され、類型化された経済史」（1954,p.20, 邦訳三七頁）と定義した。これは、前述の大野解釈の箇所でも指摘したが、歴史を制度という観点から一般化、類型化して、「一般的因果的説明」の図式ないし広義の理論としてみなすものであり、「理論化された（概念的に明確にされた）歴史」（reasoned history）の意味するところである。（1939, vol.1,p.220, 邦訳三一七頁）

このような定義を踏まえ、塩野谷は、以下のように述べる。「かれは経済社会学を、経済学において所与として扱われている制度的諸要因の研究と定義しており、……。私の解釈では、経済社会学は制度の分析を通ずる理論と歴史との統合の試みである。」（塩野谷：前掲、一三四頁）

さらにかれは、こうした制度論と理解される、シュンペーターの経済社会学のもつ含意を三点にわたり指摘する。その第一は、経済社会学において、「（前略）社会制度は個人の行動を制約し、個人は文化や制度の所産とみなされる。」（塩野谷：同書、二四〇頁）制度的条件と個人的行動との間の相互作用の関係は、進化的と呼べる。第二に、経済社会学は戦略的に制度の分析に限定される。これは理論の形成に対して重要な意義をもつ。すなわち、「制度は個人に対して一定のルールを与え、個々人の行動はこの枠の中でのみ許容される。そこでは一定の規則にかなった行動が繰り返される。この意味で制度はそれ自身の作用様式を持ち、一般的に概念化することができる。ここに制度の理論的分析が可能となる根拠がある。」（塩野谷：同書、二四一頁）このように理解すると、制度は、法律的制度はもとより、信念体系、風習、道徳規範、価値体系などを含んだ広範なルールである。第三に、「制度の概念は歴史事象を抽象化し一般化する方法であるが、歴史的に相対的であって、その一般性は制度を超えては妥当しないという意味で限定的である。したがって、制度概念は、理論の意味する一般性と歴史の意味する個別性との間の妥協と考えられる。」（塩野谷：同書、二四一頁）「かくしてシュンペーターの制度概念は、一方で社会事象の理論的定式化を可能にし、他方で歴史的制約に従う。この意味で、それは理論と歴史とを媒介することができ、理論と歴史との関係という重い問題と取り組んだシュモラーやウェーバーの業績との接触を可能にするのである。」（塩野谷：同書、二四二頁）

このようにして、塩野谷は、シュンペーターの経済社会学を理論のカテゴリーに属するものと捉え、したがって、道具主義方法論に従うものとして、この立場から、シュモラーが行った歴史研究の方法と比較する。かれによると、理論についての両者の方法論的立場には違いがある。シュモラーにとっては、「理論は経験的事実の要約ないし一般化以外のなにものでもなく」（塩野谷：同書、二五〇頁）、かれは原理的には理論を否定しなかったが、実質的に概念実在論であった。これに対して、シュンペーターの道具主義においては、理論は研究者によって恣意的に構築されたものであり、事実によって正当化する必要はない。また「仮定から演繹された理論はそれ自身記述的言明ではなく、事実を理解し説明するための道具である。したがって、理論は真でも偽でもなく、それが多くの事実をカバーするとき有用であると見なされる。道具主義は、シュモラー的基準に照らして経験的データがなお不十分であるときでさえ、演繹の試みを可能にし、促進するのである。」（塩野谷：同書、二五〇頁）

つぎに塩野谷は、シュンペーターの制度概念とウェーバーの理念型について方法論的に比較する。彼によれば、「ウェーバーの理念型概念が経済社会学における概念構成の一般論を示したものであるとすれば、シュンペーターの制度概念は理念型概念の実体的特定化であった」。理論と歴史の協同の問題に同時代において取り組んだウェーバーとシュンペーターは、それぞれ理念型と制度概念について親和性がある。「両者の方法論は密接な類似性を持ち、本質的に道具主義と解釈される。」（塩野谷：同書、二六六頁）

ただし、方法論における両者の類似性にもかかわらず、経済社会学の実体的内容において両者は異なる。シュンペーターが動態的な進化の過程を扱ったのに対して、ウェーバーは静態的な類型比較に終始したのである。

以上のように、塩野谷は『シュンペーター的思考』において、シュンペーターの経済社会学を理論と歴史の総合の試みとしての制度論と捉え、この広義の理論を道具主義方法論の観点から評価した。同書のシュンペーター研究における主要な貢献の一つは、塩野谷がシュンペーター体系の重要な構成要素として、かれの科学方法論を道具主義と位置づけ解明したことである。従来、見過ごされてきたシュンペーターの方法論的立場を明らかにしたことの意義は大きいと思われる。

さらにもう一つの主要な貢献は、かれが「総合的社会科学」と名づけたシュンペーターの社会科学体系の構想を以下のように、シュンペーターに内在して再構成したことである。

「シュンペーターの「総合的社会科学」の試みは、社会生活の各領域に静態・動態・社会的文化発展という三層の構造をアナロガスに構想するものであったが、彼は実際の仕事としてはとくに経済と並んで科学に焦点を置いた。かくして経済について経済静学、経済動学、および経済社会学の三層が建てられ、科学について科学方法論、科学史、および科学社会学の三層が立てられた。「二構造アプローチ」におけるこの二つの建造物は、それぞれの三階を文化社会学の必然的な発展として見るとき、全体性を志向する「総合的社会科学」のミニマム・エッセンシャルを表しているといえよう。」（塩野谷：同書、六一頁）

塩野谷は一九八七年以降、アメリカの経済思想史学会での報告などを通じ、国際場裡でシュンペーターの方法論や「総合的社会科学」の構想を指摘してきた。（Sionoya:1990）

さらに、一九九七年には『シュンペーター的思考』の英語版（Sionoya:1997）が刊行され、とくに、より広範な英語圏の研究者にシュンペーターのドイツ語で書かれた『経済発展の理論』第一版の最終章「国民経済の全体像」（二版以降削除された）において示された「総合的社会科学」の試みを知らしめた。その要点を日本語版に従うと、以下のごとくである。

「ここでのシュンペーターの議論は包括的な社会科学の認識のための独自の視点を示している。それは経済の静態と動態の二分法を経済以外の領域にも適用するという方法である。むしろ経済の静態と動態という見方は、より一般的な見方の一つの適用にすぎないと見なされる。こうして、社会の諸領域において静態と動態が区別され、その上で諸領域間の相互交渉という形で全体としての社会の発展が論じられるのである。」（塩野谷：前掲、三七頁）

このようなシュンペーターによる社会科学認識の独自の観点は近年海外の研究者によって注目され始めた。（Meerhaeghe,M.A.G.v.:2003, p.242 ,Peukert,H.:2003, p.221.）

3　本書の目的とシュンペーター体系の構造

先に述べたように、本書の主要な目的は、シュンペーターによる、社会各領域ないしは社会全体についての発展を分析した、あらゆる著作（学史研究を含む）に共通するヴィジョンあるいは内生的理論とは何かを解明することである。言い換えるならば、シュンペーターのあらゆる著作が内生的進化のヴィジョンとそれを具体化した「発展の理論」とくに『景気循環論』によって、体系的に構築されているという事実を実証することである。

もちろん、大野はシュンペーターによる資本主義論に関して、体制の「内在的進化」を指摘しているし、塩野谷も上述のように、静態、動態の二分法を社会諸領域へと適用して、さらにそれらの相互作用を通じた社会全体の発展へと接近するシュンペーターの「総合的社会科学」の構想を指摘している。そして、シュンペーターの著作群のうち、経済と科学（学説史）にかれが焦点を置いて、この二分法を適用したとしてこれを「二構造アプローチ」と名づけた．この場合、科学領域へのアプローチには、科学方法論、科学史、科学社会学が動員される。

われわれによるシュンペーター体系についての内在的再構成の視点は、塩野谷による再構成とはいくつかの点で異なるが、それに触れる前にわれわれの「問題」と「方法」（経済社会学の方法）を明示したい。

特定の科学は、何をその問題対象とし、それに対してどのような方法を用いるかによって特徴づけられる。一般にこれは、問題と方法とか範囲と方法とよばれている。

先に見たように、これまでのシュンペーター研究における主要な貢献は、かれの方法や方法論の解明に重点が置かれていた。その結果として、シュンペーターが重要とみなした「問題」としての内生的進化のヴィジョンや「発展の理論」についてのインパクトが相対的に薄められたとの観が否めないと思われる。

シュンペーターは『経済分析の歴史』の中で二四〇〇年の西洋における社会科学の歴史を分析した際、マルクスの「内在的進化のヴィジョン」を最大級に賞賛し、社会科学の歴史において、これはマルクスにのみ見られるヴィジョンであると評価した。シュンペーターは同書において、「自分自身の名前が出ないようにする原則」(1954,p.1019, 邦訳二一四八頁)にもとづいて、自分の貢献に言及していないが、これをマルクスに重ねて述べているのである。このことは、「問題」としてのシュンペーターによる内在的進化のヴィジョンないしは理論の重要性についてのかれ自身による言明と理解しうる。

さて、このようなかれの「問題」、すなわち、内在的進化のヴィジョンないし内生的進化の理論を重視する観点に立つならば、かれの経済社会学の方法について、従来の見方をさらに踏み込んだ解釈が成り立つと思われる。すでに見たように、かれの経済社会学の定義は、歴史を制度という観点から一般化、類型化した「一般的因果的説明」の図式ないしは広義の理論とみなす、

「理論化された歴史」であった。この「理論化」の中にはかれ自身の貢献としての「発展の理論」が当然含まれることになる。シュンペーターは『経済発展の理論』の序文で、「この著作は理論的性質のものである。それは経済経験の主要な、一般的に記述しうる特徴を取り扱う」（一九二六 p.viii, 邦訳八頁）と述べており、上の「一般的因果的説明」の図式に該当する。さらに、先に述べたように、同書の初版でかれは「発展の理論」を社会各領域の発展に類比的に応用分析することを提案した。したがって、われわれが強調したい、シュンペーターの経済社会学の方法についての踏み込んだ解釈は、かれ自身が「発展の理論」、とくに『景気循環論』を社会各領域および全体社会の発展の分析に応用してかれの諸著作を構想しているという点であり、そのような方法でかれは科学（学説史）を含む、自身の全体系を構築しているのである。

この点に関して、われわれの解釈と塩野谷による解釈との間には若干の違いがある。

その第一は、科学領域の進化についてのシュンペーターによる分析の枠組みの理解についてである。われわれはかれによって構成された、科学方法論、科学史、科学社会学の三層の枠組み（メタ理論）を必要としない。なるほどシュンペーターの科学方法論（道具主義）の解明や科学社会学の重要性の指摘はそれぞれ重要な貢献であるが、かれの「総合的社会科学」の体系を理解する場合に、シュンペーター自身が何を体系構築の礎石と考えたかという視点に立つと、メタ理論の枠組みを用いなくても、他の社会領域の分析と同様に、二分法および「発展の理論」を科学領域の分析へと適用することこそかれの主旨に内在する形になるというのがわれわれの主張である。

そして、後述のように、これを第六章で論証した。

第二に塩野谷の「二構造アプローチ」ではシュンペーターによる経済社会（資本主義）と科学（思想）の領域についての著作のみを対象に構築されていたが、われわれはこれらの他に、政治領域（民主主義を含む）や封建制度の進化の問題について、シュンペーターが二分法および「発展の理論」を適用してかれの体系を構成している事実を、後に述べるように、第三章と第四章において論証した。

第三に、これはシュンペーター研究一般について言える事であるが、最も重要な点は、資本主義進化や科学進化に関するかれの著作の枠組み構成の理解に関してである。先に述べたようにかれは静態・動態の二分法を社会各領域の分析に適用し、さらにそれらの相互交渉を通じた社会全体の分析を「統一的社会科学」として構想したが、その際に要となる「静態・動態の二分法」あるいは『経済発展の理論』（一九一二）は、主著、『景気循環論』（一九三九）において、完成された形で刊行された。同書には社会領域の進化についての一般理論が『発展の理論』よりもはるかに拡充深化された形で示されており、とくに、それぞれの領域の進化および資本主義や封建体制のような社会全体の進化における「本質的な契機と非本質的な随伴現象との峻別」という観点がかれの著作の構成を理解する場合に決定的に重要であり、この点がシュンペーター研究者の間で認識されていない。

以上のような、われわれの意味でのかれの経済社会学の方法についての解釈に基づいて以下に資本主義の内在的進化、封建制度の内在的進化、政治領域、科学領域の内生的進化について、シュンペーターが『景気循環論』で示した「発展の一般理論」を用いてそれぞれを分析しているか否かについて、本書の各章を要約的に引用して論じる。

1．第二章「シュムペーターの経済社会学と資本主義進化」（吉尾：二〇一一）では資本主義の内在的進化モデルとして、かれの『資本主義・社会主義・民主主義』を取りあげる。この場合、『経済発展の理論』を彫琢した彼の主著『景気循環論』で示された、景気循環における本質的なものと二次的、付随的なものとの区別に基づいて、資本主義進化の健全な過程を本来的なケースと、他方、この経済進化過程にとっては外的であり、一時的な要因が資本主義を一時的に経済停滞に陥れるケースとをかれが峻別し、前者がかれの本旨であるとの新解釈を提示した。

すなわち、『景気循環論』におけるかれの景気循環モデルでは、「革新」を主動因とした一次波動には循環的な安定性が備わり、言わば健全な景気過程としての「生理過程」（physiological process）を推進する。ところが現実にはこの一次波によって誘発された予想、投機などの随伴的、偶然的、一時的な要因が一次波を歪め、過剰なブーム、過剰信用、バブルなどとその反動である深刻な「不況」局面をもたらす。この「病理現象」（pathological incidents）は、シュンペーターによると一次波にもとづく「生理過程」にとっては論理的必然ではなく、好況局面における過剰な投機や過剰な投資、過剰融資を助長するような社会心理的要因、政策的な要因などの「偶然的なできごと」にかかっている。

このような『景気循環論』における「生理過程」と「病理現象」との区別は、『資本主義・社会主義・民主主義』における資本主義進化の分析に応用される。経済領域を主導部門とする非経済諸領域との相互作用を通じた社会進化のプロセスは本来ゆっくりとしたもので、その速度は社会諸領域がもつ変化への適応能力の範囲内であって、この場合をかれは「秩序ある進歩」と呼ぶ。これに対して世界大戦や世界恐慌などの変化の「加速度因子」が資本主義社会の適応範囲を超えて作用して場合は、資本主義の経済的なエンジンの担い手である実業家階層にとって不利な、過度の所得再分配を求める各種社会保障政策やこれを推進する労働者階層の急進化によって、戦後の欧米経済は一時的に（数十年）停滞する危険性があるとかれは憂慮したのである。

論文「資本主義の不安定性」（一九二八）において、シュンペーターは資本主義進化の図式を簡潔に述べている。かれによると、まず機能面では、資本主義の経済システム（*System*）は本来、循環的な安定性が備わっており、経済外的与件の変化に適応的に反応しこれを吸収するので資本主義に内在する不安定化要因はないという。また、かれは資本主義の長期的生存の問題（構造変化）を述べる場合、資本主義秩序（*Order*）と言う用語を使う。（Schumpeter:1928,p.49）資本主義を経済サブシステムとこれを支える非経済の各サブシステムの総体と捉えると「競争的な資本主義」の段階では、この段階の経済システムの機能にとって適応的な制度的要因が確立して、この時代の全体システムが均衡的に作用していた。すなわち、個人的企業者による「革新」遂行とその莫大な「家族財産」を保証する私有財産制度をはじめとする諸制度やこれを支持する「社会的雰囲気」が存在した。その時代の経済システムの特徴である「個人的企業者」の活動誘因に適合した法律的、社会的、文化的な制度的枠組みが形成されていたのである。

「トラスト化された資本主義」と名づけられた大企業体制下の資本主義では、資本主義エンジンの担い手は、個人からお雇いの専門化されたチームへと代わり「革新」は日常化、「自動機械化」される。かれによると、資本主義はこの時代の経済システムに適合した制度的枠組みをその内部から用意する。すなわち、「不平等と家族財産の文明」としての資本主義は経済的、社会的平等を志向する「別な文明」へと長期的に変容しつつあり、それに適合的な所得再分配を旨とする各種の社会保障政策や人びとの価値観、「社会的雰囲気」を醸成するのである。

つまり、数世紀をかけた資本主義秩序（*Order*）のゆっくりとした変容は、経済サブシステムと非経済の各サブシステムとの相互作用を通じて、いわば均衡的に進化してゆくというのがシュンペーターの資本主義進化の簡潔な図式であり、前述の「秩序ある進歩」を意味する本来的な「生理過程」なのである。

そしてこのような理解の立場に立つと、『資本主義・社会主義・民主主義』におけるかれの資本主義進化についての「科学的予測」は資本主義進化にとっての外的な撹乱要因としての大戦争や大不況などが一時的に（数十年）欧米諸国に経済停滞をもたらすが、やがて、全体システムの持つ均衡化力が作用して、急進的諸傾向が反転し、経済システムの機能が回復することになる。

同書の最終章のかれによるメッセージは、戦後の半世紀後にアメリカ経済はこの停滞を乗り越えて復活するとの予測と解釈でき、事実この意味における予測は的中したと言えるのである。

2．第三章「シュムペーターの経済社会学と封建制度の進化」（吉尾：二〇一一）では、封建制度の進化について、シュンペーターが資本主義進化と同様に内在的進化モデルを用いてこれを分析したとの新解釈を述べる。「社会階級論」（一九二七）において、かれは歴史的にさまざまな形態をとる階級変動の中から、同一の本質的特徴を抽出するという方法を用いて、階級形成についての一般理論の構築を試みた。同論文において、かれは社会的に重要な機能の遂行という観点から、中世ドイツの貴族階級と高度資本主義時代の産業ブルジョアジーとを例にあげて階級変動を分析する。社会的に重要な機能とは、資本主義においては、新生産方法の導入や新市場の開拓などの「革新」を実現する「企業者機能」であり、封建制度においては、軍隊の指揮や戦闘の指導をおこなう「戦士的指導の機能」のことである。かれによると資本主義社会における「企業者機能」の遂行と同様に、社会的に重要な「戦士的指導の機能」の遂行における優劣が、貴族間の隆替や農民などの下級階級から貴族階級への階級間の上昇を説明する。さらにこれらの機能が社会的に重要性を増すことにより、資本主義においては実業家階級が、封建社会においては貴族階級がそれぞれ各社会において、支配的な地位を確立したのである。

シュンペーターによる資本主義の内在的進化の過程についての分析は、次のような特徴をもっている。すなわち、一八世紀最後の四半世紀から一九世紀の末葉までをかれは「完全な資本主義」(Intact Capitalism)とよび、封建社会の完成により芽吹いた商業の発展と歩調をそろえて、長い時間をかけて徐々に勢いを増した「企業者機能」の遂行が実業家階級の社会的地位の上昇をもたらしたのみならず、資本主義の制度的確立に向けて有利に作用したとのべる。具体的には、それまでの支配階級であった貴族階級にとって有利な法的、政治的な制度が「私有財産制」「契約の自由制」などの実業家階級の利益を保障する体制へと変化し、さらに、ひとびとの価値観も自由な経済活動による経済的利益に対してこれを支持するように徐々に変化したからである。ところが、資本主義の完成期以降、大企業体制を意味する「トラスト化された資本主義」の時代になると、この「企業者機能」は、社会的に重要な機能としての役割を終える。「完全な資本主義」の時代まではこの機能は個人であり、所有者としての「企業者」により遂行されていたが、「トラスト化された資本主義」時代になると、所有と経営の分離をつうじて、サラリーマンとなった専門家経営集団により、日常的業務として、行われる。これをシュンペーターは「企業者機能の無用化」と呼び、ブルジョア階級の経済的基礎のはく奪であり、「革新」の「自動機械化」であると述べる。また、この過程は、政治における民主化、自由財産制度などの形骸化、ひとびとの価値観の合理化を促進して、資本主義社会の変容をもたらす。かれはこの完成期以降の資本主義過程を「社会化」「合理化」の過程と名づけた。換言すると、ひとつの体制をその根底から支える社会的に重要な機能である「企業者機能」が資本主義の生成期には、その体制の形成に有利に作用するが、その体制の完成期を迎えると、その成功のゆえに、大企業体制をもたらし、無用化する。これらの傾向は社会のさまざまな領域に変化をもたらすが、この「社会化」「合理化」の過程は、「完全な資本主義」の衰退を意味すると同時に、つぎに来るべき社会の徐々たる形成を意味する。これが資本主義の「内在的進化」のプロセスである。

封建社会についても、「社会階級論」における叙述から同様のプロセスを引き出すことができる。

まず封建制度の生成期について、かれによると、ゲルマン人の貴族階級は大移動の時代からメロヴィンガおよびカロリンガ朝へと時代が進むにつれて、「戦士的指導の機能」の遂行によりその階級的な地位を高めていった。これは、この階級の社会的機能の重要性が高まったことを意味する。カロリンガ朝の時代となって、当時の階級構造に適応した管理方式として荘園的大土地所有制が確立し、これが一九世紀まで続く。かれはこの荘園的大土地所有制の確立以降の社会過程全体を「世襲化（Patrimonialisierung）過程」と呼んでいる。（1927, S.186, 邦訳二二三頁）

封建的貴族階級がその生成期に支配的地位を確立した主な理由は、かれによると以下の点にある。第一に、この期間は戦争が日常的な事柄であり、これに備えることは生存のために不可欠であった。武力を持たないものは、武将の保護に頼らざるを得ない。第二に、武力の優劣が死活的重要性をもつため、戦士の専門家への特化が要請され、かれらに経済的基礎を与える必要から、知行制度が確立した。

つぎに、封建制度の衰退段階について、かれは一四世紀以降、貴族階級の地位はたえず下降してきたと述べる．ただし、その法律的地位は逆に一五、六、七世紀と上昇し、一八世紀になって下がり始めたのであり、社会的地位は現在も維持されている。

この貴族階級衰退の根本的な理由として、かれは武力闘争が社会の日常的な生活様式ではなくなったために、貴族階級の主要な機能がその基礎を失った点を挙げる。つまり、封建制度の確立に寄与した「戦士的指導の機能」がその制度の完成とともに「無用化」してくるのである。この封建制度確立期である一四世紀のカロリンガ朝以降の「無用化」の過程をかれは、前述のように、「世襲化の過程」と呼んだ。

かれによるとこの「世襲化の過程は衰退の初期を表すものといえる。もっとも他の観点からすれば、それは、それに先立つ成功の結実であり表現であるにはちがいない」（*Ibid.*,S.199, 邦訳二二〇頁）すなわち、封建制度の成功的な完成のなかにその衰退の萌芽が胚胎するのである。

シュンペーターによれば、世襲化の過程は「官職の世襲化」、「土地の世襲化」、「個人の世襲化」に分けられ、一四世紀以降、封建制度のうちに私的な経済的領域を徐々に形成してゆき、やがて、その体内から資本主義が生成してくるのである。このようにしてかれは資本主義と同様に、封建制度が「内在的進化」を遂げると考えた。

3．第四章「シュムペーターの民主主義論―経済社会学の政治分析への応用」（吉尾：一九九九）

では、第一に、かれの政治領域についての分析が「発展の理論」および『景気循環論』で示された所論を土台に構成されている点を解明し、つぎにかれの有名な「民主主義論」が、資本主義から資本主義の進化型である社会主義への健全な進化を「制動する装置」としての役割を持ち、この観点からの理解がシュンペーターの真意であるとの新解釈を提示した。

ある社会領域を科学的に分析する場合に当該領域が自律性をもつことがその前提となるが、周知のように、経済領域についてはケネーによる経済の自律的循環の発見によって始まり、「一般均衡論」としてワルラスによるこれについての論理的自足性の証明で確立された市場の静学分析が、シュンペーターの動学、すなわち、「革新」がひきおこす経済領域内部からの自律的発展の理論の土台となっている。換言すると、「革新」によってひきおこされる均衡破壊のプロセスは、均衡への復位装置である均衡論を前提としなければ成り立たないのであって、これは、物理学で重力を説明するために、無重力状態をその前提とするのと同様の事情によるものである。現実経済に混在する「革新」による均衡破壊メカニズムとこれに適応的に反応する市場メカニズムとの双方を同時に説明するために、かれは静学の土台の上に動学としての「発展の理論」を著した。

前述のように、かれは『経済発展の理論』の初版の第七章「国民経済の全体像」において、社会各領域および全体社会の発展についての一般理論を構想した。これは「経済発展の理論」あるいは、「静態と動態の二分法」を各領域の分析へと応用するものである。

『資本主義・民主主義・社会主義』の第四部、第二十二章「いまひとつの民主主義論」における政治領域の分析にも、この「静態と動態の二分法が」用いられている。まず、ある領域の静態的自律性の根拠を、かれはその領域を自己の主たる活動の場とする人々がいる点に求めた。これは特定の領域においてそれを職業としている人々がいるということを意味し、さらに、その領域に「固有の価値基準」にしたがって行動する人々によってその領域の秩序が形成されることを意味する。

また、かれは慣行の軌道に従って行動する大多数の「静態的な行動類型」とこれを「革新」する「動態的な行動類型」とを区別したが、後者にあたる者が「政治的指導者」である。

かれによると民主主義とは「政治的な主導力獲得競争のための制度的装置」であり、「指導者たらんとする人びとが選挙民の投票をかき集めるために自由な競争をなしうること」である。この場合かれが「企業者」による革新の遂行を述べる際に示した「指導者社会学」は政治的指導者にも応用されている。例えば、以下のごとくである。

「彼（首相）は政党の意見を創造的に指導する――それを形成する――であろうが、ついには政党の境界を超えて大衆の世論をも形成するように指導するように進み、かくて……国民の指導という方向に進むであろう。」（1942, p.277, 邦訳五一七頁）

そのほかこの政治領域についての分析では、シュンペーター経済学の観点からの比喩的表現が散見される。例えば、「主導力を獲得する競争という概念」を述べた箇所において、とくに「競争」概念について、一般的に正しいと理解されている新古典派の競争および独占概念を非現実的と批判する彼の立場から、「この概念は、経済領域における競争の概念と同様の難点をもっているから、この両者を比較するのは有益であろう」と述べる。(*Ibid*., p.271, 邦訳五〇六頁)また、政治的な自由について述べたところでは経済的な自由との比喩を用いて、「ここでいう自由とは、すべての人が新しく繊維工場をはじめられる自由と同じ意味のものである」(*Ibid*., p.272, 邦訳五〇八ページ。)さらに、新古典派経済学で前提とされる「経済人」の合理的行動と異なる、「企業者」の禁欲的な行動類型との違いを土台として、政治領域の自律的秩序形成の基礎的条件である政治家の合理的(功利的)行動と理想をもち義務を果たそうとする行動類型の違いに言及して、「それは理想や義務観念を排除するものではない。実業家との類比はふたたびこの点を明らかにしてくれるだろう」と述べる。(*Ibid*., p.285, 邦訳五三六頁)

以上で簡潔に示したように、かれの政治領域の分析は「発展の理論」で示された静態と動態の二分法がその枠組みとして用いられている。

つぎに、かれによる資本主義進化の生理過程を推進する「制動装置」としての民主主義の果たす役割について、その要点を略述する。第一に、かれのいう資本主義の進化過程は「生理過程」と「病理現象」とに峻別され、前者がその本質的経路である。つぎに、かれのいう社会主義は資本主義の発展型であり、したがって、政治的・経済的自由および民主主義を引き継いだ制度であって、資本主義との「同族的類似性」をもつ。第三に、民主主義は、政治家にとっては選挙民による拒否権の発動という絶えざる有権者の不利益を解消させる行動への圧力をもち、このことが政治領域での自己革新を可能とする。第四に、その結果、民主主義は資本主義進化の「生理過程」からの逸脱を修正する「制動装置」として原理的に機能する。これらのことからかれは、二十世紀初頭以降に顕著となった、いわゆる圧力団体による利益誘導型政治や世界大戦や大恐慌によって急進化した労働組合の政治的圧力にもとづく「労働主義」によってもたらされた民主主義の機能不全は政治領域のみならず、資本主義文明の進化にとっても「病理現象」をもたらすが、これが常態になるとは見ない。すなわち、「相対的自律性」をもつ政治領域のおける「創造的反応」としての自己革新がこれらの「病理現象」を克服して、民主主義の正常な機能とこれを土台とした文明進化の「生理過程」を推進するのである。以上のようにシュンペーターによる政治領域の分析は「発展の理論」や『景気循環論』で用いられた諸概念や「発展の一般理論」に依拠して構築されているのである。

4. 第六章「シュンペーターにおける科学進化の理論─経済社会学的分析─」（英文）（Yoshio: 2005）では、シュンペーターの著作群のうち経済学を中心とした社会科学の進化を述べた『学説と方法史の諸時代』（一九一四）、『社会科学の過去と将来』（一九一五）、『経済分析の歴史』（一九五一）に共通して用いられている分析的枠組みが「発展の理論」及び『景気循環論』で示された「発展の一般理論」であり、これを主として『経済分析の歴史』においてかれが叙述する際に用いた「科学進化の理論」を抽出することによって論証した。

『経済分析の歴史』において、シュンペーターは主題としての「経済分析」を理論、歴史、統計、経済社会学を含む広義の理論であり、かつ経験科学という手続き的ルールに従う道具としての知識と定義した。また、この「道具化された知識」をあつかう職業的な社会集団は科学の社会機構を形成し、「経済分析」の進化に促進的あるいは阻害的な作用を及ぼす。ここで注意すべきは、かれが『景気循環論』で示した「革新」のみが作用する一次波と「革新」により誘発された投機的心理的要因がこれに加わり波形の振幅が増大する二次波との区別をこの科学進化の分析にも応用している点である。ここでは理論的道具としての「経済分析」が「革新」によって進化する実物経済過程（一次波）に対応し、ある新学説の過剰なブームや衰退を引き起こす、学派内かつ学派間の社会心理的な要因が二次波に対応する。さらに、「経済分析」の長期的かつ歴史的な進化の連続性を「科学的観念の系統的進化（Filiation of Scientific Ideas）」と呼ぶ。例えばかれによると、一八世紀に成立した経験科学がスミスを経て経済静学として発展し、イギリスではリカード、ミル、ジェボンズ、マーシャルへと受け継がれ、フランスでは、J・B・セイ、からレオン・ワルラスへと至る。さらにイタリア、アメリカ、ドイツについても同様の例をかれは指摘する。(2) このような「科学的観念の系統的進化」の過程が前述の経済進化の「生理過程」に対応するものであり、ある学説の過剰なブームやその反動が「病理現象」に対応するのは論をまたない。

さらにかれは『景気循環論』で述べた約五〇—六〇年周期をもつ「コンドラチェフ長期波動」の時代区分とほぼ対応する科学の長波を想定し、新学説の興亡隆替を叙述した。周知のように、第一の長波は「産業革命コンドラチェフ」（一七八七—一八四二）と呼ばれ、紡績機、蒸気機関などを主要な革新とする。第二は「ブルジョアコンドラチェフ」（一八四三—九七）で鉄道化の波である。第三は、「新重商主義コンドラチェフ」であり、一八九八年にはじまり第一次世界大戦によって中断され、世界大恐慌までが述べられている。その内容は電気、化学、自動車である。

かれの『景気循環論』で述べられたように、景気の各循環は均衡近傍から始まるが、この均衡状態に対応するものは、科学の循環においては「古典的状況」という概念によって表わされる。これは長期にわたる論争の末に成立する実質的な意見の一致であり、それ以前のさまざまな独創的研究の整理・統合を意味する。（1954,p.51, 邦訳九七頁）

第一の時代区分はギリシャ・ローマからはじまり、哲学と政治的時事問題についての考察との二つの流れがアダム・スミスの『国富論』によって整理・統合された一七七六年からこれが当時の学問的世界に普及するまでの期間（一七九〇年頃まで）である。

第二の時代区分は一七九〇年代から一八六〇年代までである。この時代区分ではマルサスの『人口の原理』が「新しい活動」の出発点であり、ミルの『経済学原理』（一八四八）による整理統合の受容が完了するまでを意味する。

第三の時代区分は一八七〇年から一九一四年およびその後までである。この時代はジェボンズやメンガーなどによる限界革命に端を発し、マーシャルの『経済学原理』（一八九〇）によってそれまでの学説が整理統合され、受容されるまでの期間である。かれはこの場合の古典的状況の時期を一九〇〇年頃としている。

最後にかれは一九一四年以降一九四〇年頃までを取扱うが、この時期については歴史的循環の全体が与えられていないという理由から、かれの科学進化の理論を用いた分析は行われない。

以上のように、かれの描いた社会科学成立以後の二つの時代区分とそれに続く最後の区分の開始時期は、コンドラチェフ長期波動の時代区分にほぼ対応している。さらに、この科学の長期波動は新学説（革新）による論争期（均衡破壊）からこれが整理統合のうえ受容される「古典的状況」期（均衡）へと波状的進化を遂げるのであり、そのメカニズムにおいてもかれの『景気循環論』に対応しているのである。すなわち、シュンペーターは科学進化の歴史的過程の分析にもかれの「発展の一般理論」を用いたのである。

4　おわりに

本書における問題の所在とその全体像を前もってイメージするために、各章を要約的に引用して述べたように、シュンペーターはかれの「静態と動態の二分法」すなわち、『景気循環論』で完成した「発展の一般理論」を用いて、資本主義の内在的進化、封建制度の内在的進化、政治領域、科学領域の進化を分析したと理解されるのであり、これはかれの構想した「総合的社会科学」の中心的な部分を形づくっていると思われる。

すなわち、「発展の一般理論」は経済、政治、信念体系、科学などのサブシステムの分析に応用されるのみならず、全体システムとしての資本主義や封建制度の分析に拡大されて応用される。このサブシステムの進化のメカニズムと全体システムの進化のメカニズムは部分を拡大すると全体となるという意味でフラクタルな構造をもつと解釈でき、シュンペーター体系のユニークな特徴と考えられるのである。

第2章　シュンペーターの経済社会学と資本主義進化

1　はじめに

近年、シュンペーターの遺した一連の著作について進化経済学の立場からそのヴィジョンを現代の分析ツールを用いて発展させようとの試みがなされている。その試みの代表として、E.S.アンデルセン（Esben Sloth Andersen）があげられる。かれの著書、*Schumpeter's Evolutionary Economics*（2009）のなかでアンデルセンはシュンペーターの初期から晩年にいたるまでの主要な著作について、それぞれその進化的ヴィジョンを高く評価している。注目すべきことは、のちに触れるようなわれわれのシュンペーター体系についての理解と同様な体系的理解をアンデルセンが同書で示しているということである。すなわち、われわれはこれまでシュンペーター体系について、これを『経済発展の理論』の社会各領域および全体社会への応用分析の体系として理解してきた。アンデルセンも同様にシュンペーターの『経済発展の理論』の初版の第七章「国民経済の全体像」で述べられた、経済システムの「革新」による内生的進化と他の社会領域とのアナロガスな進化を「共進化」（co-evolution）と捉え、その全体を「社会進化の一般理論」（a general theory of social evolution）（Andersen:p.8）と呼んでいる。このようなシュンペーターによる社会各領域および全体社会についての構造とその進化的機能についての指摘にもとづいて、アンデルセンは『資本主義・社会主義・民主主義』を「その進化的理論化」（*Ibid.*, p.156）の観点から評価した。のちに述べるように、かれの『資本主義・社会主義・民主主義』についての評価はわれわれの解釈とは異なるが、このアンデルセンの体系的研究は現代の経済学や社会学の進化的アプローチにおけるシュンペーターの再評価に関して、また、われわれのシュンペーターについての「体系的」研究の立場から見て、その代表的事例を物語るものである。

前述のように、シュンペーターの『資本主義・社会主義・民主主義』を理解するためにはかれの社会科学体系の全体像およびその進化的機能を把握することが重要である。なぜなら、同書で展開された資本主義文明の数世紀にわたる変容は、経済をその一部に含む全体的社会についての、それらの相互作用を通じた長期的な変容であり、この社会進化の理論的枠組みをシュンペーターはその初期の著作から晩年の著作にいたるまで準備してきたからである。

2　シュンペーターの経済社会学

われわれはシュンペーターの「経済社会学」(Economic Sociology) をかれの『経済発展の理論』(一九一二) で述べられた「革新」の理論の社会諸領域の進化および全体社会としての資本主義や封建制度の進化への応用分析と理解する。この理解はアンデルセンを除いて従来の見解と異なる。序論で述べたように、大野忠男は『シュムペーター体系研究』(一九七一) において、はじめてその「大きな体系」を指摘し、シュンペーター体系の形成過程とその方法を詳述して、かれの経済社会学を「与件の理論」と呼んだ。塩野谷祐一は『シュンペーター的思考』（一九九五）で、シュンペーターの経済社会学を「理論と歴史の総合の試みとしての制度論」と捉え、これを道具主義の方法論の観点から評価した。社会学者のスウェドバーグ（Richard Swedberg）はシュンペーターの伝記 *Joseph A. Schumpeter, His Life and Work*（一九九一）を著し、その中の一章でかれの「経済社会学」について論じている。ただし、スェドバーグの立場は、二〇世紀初頭の「方法論争」を克復すべく「社会経済学」の概念によって経済理論、経済史、経済社会学を包括することを提唱したマックス・ウェーバーの側にたつものであり、シュンペーターを「社会経済学」の枠組みの中で理解しようとするものである。

以上のように、シュンペーターの体系的研究についての先行的な取り組みおよび主要な貢献は、わが国の大野忠男、塩野谷祐一両氏の研究やスウェドバーグの研究に見られるように、シュンペーターの方法や方法論の解明に重点が置かれていた。その結果として、シュンペーター自身の貢献である「内生的進化のヴィジョン」やかれの「発展の理論」の独自性についての評価が後退したとの感が否めない。

そこで本章ではこれを踏まえて、シュンペーターが自身の貢献である内生的進化の理論としての「発展の理論」を、シュンペーターの個々の著作はもとより、体系全体についての構成原理として用いているとの立場に立ち、これをかれの経済社会学と呼ぶ。

（1）均衡論の積極的な役割

シュンペーターは処女作『理論経済学の本質と主要内容』（一九〇八）において当時台頭しつつあった新古典派による市場の静学分析（均衡論）の本質とその限界を指摘した。新古典派の静学分析は与件としての人口、貯蓄、技術などを一定とした場合、経済主体としての家計や企業による経済合理的行動を通じて、財や生産要素の均衡価格と均衡数量を決定し、最適な資源の配分を達成する。

シュンペーターは『経済発展の理論』（一九一二）の第一章および『景気循環論』の第二章でいずれもこの均衡論から均衡破壊としての革新の議論を始めている。その理由は経済体系に与えられるさまざまな外的および内的な与件の変化に対して、これを吸収しこれに適応的に反応するメカニズムとしての役割を均衡論が演じるからである。秩序の破壊（均衡破壊）は秩序への復位（均衡化）を前提とするのであって、革新による均衡破壊現象としての好況局面は、それによって生じたさまざまな不均衡現象を吸収する市場の均衡化メカニズムを意味する整理過程としての後退局面をへて新たな均衡へ到達する。すなわち、

「変動を引き起こすものは、外部から体系にぶちあたる個別的な衝撃であるかもしれないし、体系自体が生みだした特別な変化過程であるかもしれないが、どちらの場合にも均衡理論は体系が反応するにあたって従うべき規則のもっとも簡単なものを提供するものである。均衡理論は反応装置の記述だというのは、このことである。」（1939, vol.I, p.68, 邦訳九九頁）

さらに、シュンペーターはこの「反応装置」としての均衡理論について現実の経済現象との関連からその積極的な意義を指摘する。

「経済体系には均衡状態に向かって移動する現実的な傾向があるか、ないかということこそ、われわれにとって重要なのである。すなわち、この（均衡）概念が景気循環分析の用具として有用であるとするなら、経済体系は攪乱されたときにはいつでも均衡をとりもどそうと努めなければならない。」（括弧内筆者）（*Ibid.*, vol.I, p.47, 邦訳六六頁）

「常識は、均衡をうちたてたりとりもどしたりするこの機構が、経済学の純粋論理の訓練として工夫されたそらごとではなく、われわれの周囲の現実の中に実際にはたらいているものだということをわれわれに告げる。」（*Ibid.*, vol.I, p.47, 邦訳六七頁）

このような「現実の中に実際にはたらいている」均衡へ向けての人々の生き残りをかけた努力こそが経済領域における組織としての秩序の維持と均衡状態への復位を支えているとのシュンペーターによる認識は、均衡理論のかれの経済社会学体系におけるはたらきにとって重要な意味をもっている。

のちに述べるように、シュンペーターは社会の各領域の分析に対して、『経済発展の理論』において示した発展のメカニズムをアナロガスに適用している。革新的指導者による革新的行動が従来の秩序を破壊して、この破壊への適応行動がその領域の秩序の再編成を引き起こし、新秩序を形成する。このメカニズムを『資本主義・社会主義・民主主義』における資本主義進化の阻害要因の分析に応用した場合、資本主義の成功によって生み出されたひとびとの功利主義的信念体系の短期的な視野とこれによって支配された「労働主義的資本主義」における過度の平等政策や社会保障政策などの反資本主義的諸政策の「行き過ぎ」を是正する根拠として、「現実の中に実際にはたらいている」均衡への適応行動が考えられる。すなわち、社会領域の一つである、ひとびとの価値観の領域の市場経済の領域からの「合理化」の絶えざる作用は「信念体系」を長期的に個人主義的、功利主義的なものへと変容させてきた。この傾向の行き過ぎは短期的なものの見方と利己主義へと導く。このような「社会的雰囲気」に支配された資本主義の経済システムは停滞的なものとなろう。しかし、この一時的な停滞は、アメリカの八〇年代の労働運動に見られたように、ストライキによるサボタージュだけでは結局、所得分配のパイを減少させるのみであるとの反省を生み「信念体系」の新事態への新たな適応をもたらした。

このような文明の進化にとっての阻害傾向の是正のメカニズムとしてシュンペーターによって発展の土台として位置づけられた均衡理論は、のちに述べるように、全体社会へと拡大された壮大な一般均衡モデルのなかで積極的な役割を担うのである。

(2) 全体社会システムの進化の構想

シュンペーターは『経済発展の理論』の初版の第七章「国民経済の全体像」で、経済をはじめとする社会の各諸領域の自律的な進化とそれらの相互作用が生みだす全体社会的な進化の構想を述べた。詳細な論述は本書第六章に譲ることとして、論理展開の必要から、ここではその要点を略述する。

かれが想定する経済以外の社会の諸領域とは、たとえば、政治、芸術、科学、社交生活、道徳観などの領域である。(1912,S.536, 邦訳三九〇頁) これらの社会領域が他の社会領域から判然と区別される根拠は、われわれが区別する諸領域に対して、現実にもまた一般的にも、相互に異なった人間集団が対応しており、また、その領域を自己の主たる活動の場とする人々がいるからである。(*Ibid.*,SS.536-37, 邦訳三九〇—一頁)

これらの各社会領域には、それぞれその領域に固有の価値基準が備わっており、その基準に従って秩序が形成されている。この場合、各領域の与件の変化に対する均衡へのメカニズムは「経済発展の理論」において述べられた経済静学の方法(市場の静学分析)が類比的に用いられる。

シュンペーターが述べるアナロジーは次の点である。社会生活のあらゆる領域は、任意の時点において一定の与件の影響下に置かれており、静態的考察法によって、与件が任意の時点における経済の状態を決定するのと類似しているのである。(*Ibid.*,SS.537-538, 邦訳三九二頁)

また、各社会領域の自律的発展の分析については経済発展の図式が類比的に用いられる。

シュンペーターが経済静学の方法に関して、経済の領域について述べたことと他の社会生活領域における事象との間には、さらにもう一つのアナロジーが存在する。それは発展のメカニズム、すなわち、社会生活のどの領域にも特有である、相対的に独立的な発展のメカニズムに関するも

のである。（*Ibid.*,S.542, 邦訳三九六頁）

この場合、シュンペーターは社会各領域の間に「相対的な独立性」（eine relative Selbständigkeit）および、「相対的自律性」（eine relative Autonomie）（1926,S.90, 邦訳一六四頁）を想定している。

つぎに、かれはこれらの社会各領域間の「一般的相互依存の体系」を構想し、この全体社会モデルを「社会的文化」と名づけて、これに対し静態的考察法を用い分析する。そしてこれを「文化水準の静態的統一性」の認識と呼んだ。

さらに、かれは発展の考察法をこの一国の社会的文化の発展に応用する。この段階では各社会領域の「革新」を通じた内生的変化はそれぞれの領域の与件の変化を通じて相互に作用しあう。こうして、任意の社会活動分野における業績は、ついには社会生活の全領域に対して影響を及ぼすのであり、すべての領域における人間行動の前提と条件とを変更する。このようにして、相対的独立性をもつ諸発展が共同作用する結果、十分な遠方から眺めれば、ひとつの統一的な文化発展と見えるものが、成立するのである。（*Ibid.*,SS.547, 邦訳四〇二頁）

以上のようにまず、シュンペーターは経済領域における静態と動態という二つの経済的現象にたいして静学（均衡論）とそれを土台として動学（発展の理論）を構築した。つぎにかれはこのサブシステムとしての経済領域についての発展の理論を他の領域のサブシステムにもアナロガスに適用して分析する。そのうえで、これらの相対的に独立性をもつサブシステム間に壮大な「一般的相互依存」の関係を想定し、さらに、この一国の「社会的文化」の全体システムは、資本主義の時代においては進化の主導領域である経済領域からの非経済の諸領域への絶えざる作用とこれらの非経済諸領域からの反作用を通じて、経済領域における「革新」を通じた従来秩序の再編成のメカニズムのように、本来の資本主義秩序から「何か別のもの」へと進化してゆくのである。

資本主義進化についてのこのような全体社会についての理論的枠組みに特徴的なことは、経済サブシステムの構造である「一般的相互依存」の体系とその体系の「革新」による内生的進化のメカニズムが、そのまま相似の形で資本主義の全体システムの構造とその進化のメカニズムに適応されていると思われることである。シュンペーターは資本主義の全体システムの内発的な進化を、資本主義制度の「内在的進化」(immanent evolution)(1954, p.439, 邦訳第三巻九二五―二六頁)と呼び、このヴィジョンの先行者としてマルクスをあげたが、われわれが留意しなければならないことは、このヴィジョンをシュンペーターが、フラクタルとも呼びうるような、サブシステムと全体システムとの相似的な構造と機能としてすでに構想し、「社会進化の一般理論」という形でかれの体系を築いたことである。(3)

(3)『景気循環論』の重要性

すでに述べたように、シュンペーターは一九一二年の『経済発展の理論』初版の第七章「国民経済の全体像」において発展の一般理論について構想した。この『経済発展の理論』は約四半世紀の歳月を費やして理論編を拡充し、歴史分析と統計分析を加えて、『景気循環論』(一九三九)

に結実した。経済領域の発展の理論化を社会諸領域および全体社会の発展の分析へと応用するシュンペーターの経済社会学を解明する場合、『景気循環論』において完成された経済領域の進化のメカニズムを考察することはきわめて重要である。本書第六章において詳述するするが、本章の議論にとって必要と思われるので以下に『景気循環論』の要点を略記する。

『景気循環論』の第四章「経済発展の輪郭」においてシュンペーターはかれの革新モデルを示した。ここでかれは三段階に分けて現実経済の変動現象にアプローチする。まず、第一の段階（一次接近）では、革新の要因のみが経済体系に作用する場合の景気変動を取り上げるが、これは「純粋モデル」と呼ばれる。純粋という意味は革新による二次的反作用を捨象しているということであり、革新の作用である変動の純粋経済論理が抽出されることになる。定常状態における「企業者」による新生産関数の導入は、革新の群生を通じて、生産財需要の増大、新企業設立の資金需要の増大などをもたらし、好況局面の特徴である物価の全般的な上昇を引き起こす。やがて、先頭の企業者から銀行借入金の返済がはじまり、新商品の市場への流入が増大する。貨幣量は収縮し、全般的な価格水準は下落する。景気は後退局面へ入る。利潤や利子率はゼロに近づき、経済過程はもとの定常状態へと戻るが、以前より総生産量は増大し、価格水準は下落している。

この純粋モデルの特徴は、景気の局面が好況と後退の二局面からなり、均衡近傍から始発して上昇し、この近傍に回帰するということであり、均衡水準以下の不況局面に落ち込まないという点である。

第二段階は革新の作用に対する予想、投機などの反作用を組み入れたモデルとして示される。（二次接近）この革新の反作用から生じた変動をかれは二次波と名づける。この二次波は革新モデルにとっては二次的、付随的な現象とされるが、現実経済への影響から見ると量的に革新から生じる一次波を凌駕する規模をもち、現実への接近度をより高める。

すなわち、革新により生じた一次波によって誘発された予想、投機などの付随的心理現象が二次波をもたらす。景気は好況のレベルを一次波の数倍にまで高められるが、一次波の反転により二次波もこれに追随する。この時点で楽観的心理作用や投機などにより生じた過剰設備、過剰ストック、過剰雇用は、整理の対象となるが、これが過度の悲観的心理作用を生みだし、後退局面をはるかに超えて不況局面へと景気を押し下げる。やがて、行き過ぎの清算が進むにつれて景気は回復局面へと入る。局面は好況、後退、不況、回復の四局面となる。

注意すべきは、投機活動などによって引き起こされた「行き過ぎ」としての不況局面は、革新の純粋モデルから見れば不要なものである。投機活動を誘発する各時代のさまざまな「偶然的な事情」（一攫千金的な精神の支配、信用の取り扱われ方など）にかかっている。

シュンペーターはこの「偶然的な事情」により引き起こされた不況局面を「病理現象」と呼び、正常な景気過程としての「生理過程」と区別した。

われわれの議論にとって重要なことは、純粋に革新のみの作用を示す、好況、後退からなる二局面モデル（一次波）によって誘発された、楽観的心理や投機などの付随的、偶然的な要因がもたらす二次波における不況局面は、健全な景気過程としての「生理過程」にとっては非本質的な「病理現象」であるとかれが述べる点である。

のちに述べるように、シュンペーターは資本主義進化の正常な過程としての「生理過程と」これを阻害する「病理現象」とを明らかに区別している。このようなかれの経済社会学に対する理解の欠如が、多くのシュンペーター理解にとって、この「病理現象」による経済停滞が『資本主義・社会主義・民主主義』におけるかれの本旨であるとの誤解をもたらす原因となっている。

第三段階では、周期の異なる三つのサイクルを合成した「三循環図式」が導入される。一次接近および二次接近のモデルにおいては、一つの革新によって生みだされた単一循環変動を仮定した。しかし、現実には革新の規模は異なり、その懐妊期間やその普及過程も異なる。たとえば、鉄道化の革新は一挙に普及したのではなく、鉄道網の完成はいくつかの循環期間に分けられている。最初にある一定の路線が建設され、これにより生じた変動作用の経済体系による吸収をまって、つぎの路線の建設がはじまるというように進められた。このような大革新は、中小の革新がいくつかの段階に分かれて組み合わさったものと考えられる。これに対し、小革新は比較的短期で終わる。

このような革新の実態を踏まえて、シュンペーターはいくつかの循環の複合モデルとして三循環図式を採用した。それは四〇ケ月周期のキチン循環、約一〇年周期のジュグラー循環、約五五年周期のコンドラチェフ循環を合成したものである。この場合一つのコンドラチェフ長波は六つのジュグラー中波を含み、一つのジュグラー波は三つのキチン循環を含んでいる。

われわれの観点である、シュンペーターの経済社会学から見て重要なことは、およそ五〇年の周期をもつコンドラチェフ長波の導入が、「強度に制度的な性格」をもつ資本主義の長期的な制度変化の分析を可能とするということである。すなわち、「不平等と家族財産の文明」としての「競争的資本主義」を支える私有財産制度や契約の自由の制度が、資本主義のまさにその「成功」によって変容し、平等と家族財産の社会化を志向する別の文明へと進化する、長期的な文明の進化の理論的枠組みを可能とするのである。

3　資本主義進化の生理過程と病理現象

シュンペーターの生涯にわたる研究テーマである、「資本主義秩序の将来の問題」(Schneider:S.44) の解明のために、かれは初期の著作から主著『景気循環論』にいたるまで自身の経済社会学体系を築きあげ、これらを駆使して『資本主義・社会主義・民主主義』(一九四二)において資本主義の動態的な進化を描きあげた。シュンペーター生誕百年(一九八三)を契機にして、『資本主義・社会主義・民主主義』についての論評が数多くなされ、これ以降も時に応じて散発的に評価がなされている。

問題は、これらの論評の多くが、シュンペーターの資本主義進化についての命題「資本主義は

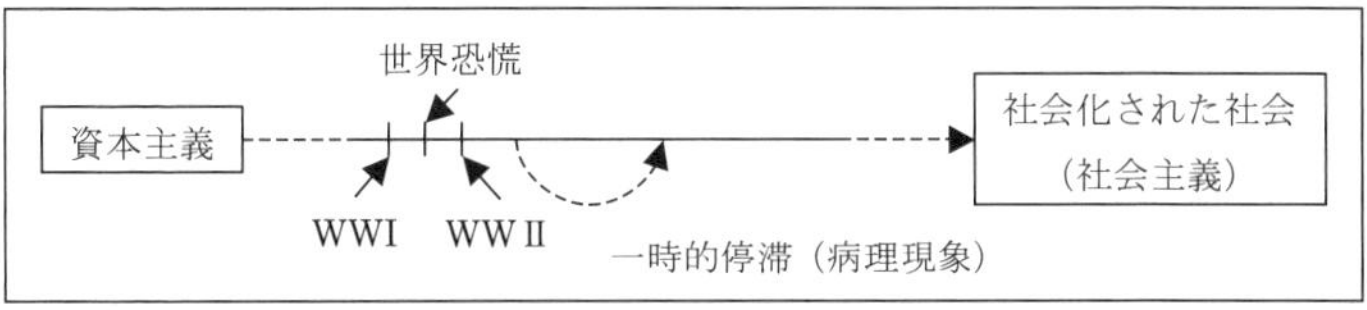

【図1】社会進化の長期的・生理過程

その成功のゆえに社会主義化する」を、資本主義はその経済的成功により、経済活動を阻害する経済外的な諸要因を生み出し、経済停滞に陥るとシュンペーターが主張したのだから、彼は「資本主義は成功を伴う失敗のゆえに滅びる」（Smithies:p.137, 邦訳二三四頁）と一面的に解釈していることにある。

　この解釈では、資本主義の進化の経路が結局は経済停滞としての資本主義の失敗へと一つの可能性しか認められていない。これに対してわれわれの解釈では、のちに述べるごとく、まず、シュンペーターが資本主義の進化過程を社会化への数世紀にわたる長期的、本質的な「生理過程」と、偶然的な外的要因（戦争・恐慌）によって生じた、短期的、一時的な（数十年の）経済停滞を意味する「病理現象」とを区別しているという点が大きく異なる。（【図1】参照）

　この区別がほとんどの論者によってなされていない。われわれの経済社会学の立場からすると、景気循環における革新により生じた一次波（生理過程）とこれによって誘発される、予想、投機などの随伴的現象からもたらされる二次波（病理現象）との区別は、資本主義の社会進化にも応用され、体制進化の「生理過程」と「病理現象」との区別を可能とするのである。このようなシュンペーターによる体制進化の経済社会学についての視点の欠如が多くの論者の誤解の源泉になっていると思われる[4]。

以下では、このような資本主義進化の経路についての区別にもとづいて、これをシュンペーターの叙述に沿って検討して行く。

周知のごとく、シュンペーターの述べる資本主義は歴史的制度的特徴をもっており、それは市場機構や私有財産制度や銀行による信用創造などの経済制度とならんで、政治体制、社会の階級構造、さらには、「不平等」や「家族財産」を容認するか否かについての価値観、生活様式までを含んだ一個の文明である。かれは資本主義の典型を十九世紀のビクトリア王朝時代の英国にもとめ、これを「無傷な資本主義」(Intact Capitalism) あるいは「競争的資本主義」(Competitive Capitalism) と呼んだ。かれによると、資本主義の経済発展は、経済を含む社会の各領域における長期的な変容をもたらし、「事物と精神」の「社会化」、「合理化」が進展する。すなわち、資本主義には「社会主義の技術的・組織的・産業的・心理的前提条件が一歩一歩満たされていく傾きがある。」(1942, p.219, 邦訳四〇五頁) あるいは、「私が強調せんと欲するのは、ただわれわれがすでに自由放任の資本主義の原理からはるか遠く離れたところまできているという事実や、さらにまた私的企業の運用を真正の社会主義的計画と異ならないような仕方に条件づけるように資本主義的諸制度を展開しかつ統御することが可能であるという、いっそう進んだ事実にほかならない。」(*Ibid.*, pp.418-19, 邦訳七九五頁)

ただし、注意すべきことは「資本主義過程に内在する社会主義への発展は、ゆるやかなテンポで行なわれる」（*Ibid.*, p.220, 邦訳四〇五頁）ということである。

歴史上、「世界恐慌」や「大戦争」が、この本来ゆるやかな社会変化をしばしば加速した。「無傷な資本主義」の段階までは、これらの「加速度因子」は戦勝国において支配階級の威信や当時の制度的な構造を強化する方向に作用したが、「トラスト化された資本主義」（Trustified Capitalism）といわれる二十世紀の段階では私的企業体制に対する政界の態度の根本的変化と労働者の急進化をもたらしたのである。シュンペーターは、これについて「社会主義への進化は、これらの事件がない場合には、いっそう緩慢ではあるが、しかしまたより着実なものであろう。進化の逆転や手に余る状勢の出現は、その見込みがいっそう小さいであろう。国民生活のさまざまな分野における発展の調整は、より完全なものとなろう」（*Ibid.*,p.421, 邦訳八〇〇頁）と指摘している。すなわち、シュムペーターは資本主義の経済発展により生じた各領域における変容傾向がこれらに適応するための十分な時間をともなった場合の社会進化を本旨としており、これを「秩序ある進歩（orderly progress）、および場合によっては景気循環政策の多くの問題を解くとともに、ついには社会主義体制への移行の問題をも解くはずの発展」（*Ibid.*,p.387, 邦訳七三六頁）と述べている。したがって、シュンペーターは、この「秩序ある進歩」を本質的過程として、「資本主義のわく内における漸進的社会化（gradual socialization）が単に可能であるばかりでなく、予期されるもっとも明白な事柄でさえある」（*Ibid.*,p.227, 邦訳四二〇頁）（傍点原著者）と主張したのである。すなわち、われわれの解釈では、経済停滞を意味する資本主義の失敗がシュンペーターの真意とはならず、「秩序のある進歩」を遂げつつの「漸進的社会化」こそが、かれのいう本質的な資本主義進化の「生理過程」となるのである。

ところで、『資本主義・社会主義・民主主義』をかれが執筆しつつあった、その当時の時代情況に目を向ける必要があろう。というのは、同書の序文において、かれは「社会主義は現在の戦争（第二次大戦）の結果ただちに現実問題化しようとしている実践的命題である」（*Ibid*.,p.xiv, 邦訳四一頁、傍点原著者）と指摘し、戦後の急激な社会主義化熱の盛りあがりが、急進化した労働組合運動をつうじた過度の平等化政策（反資本主義政策）をうみだして、資本主義進化の内的論理に即した本来的な「生理過程」からの逸脱へと導き、一時的な経済停滞の可能性をもたらすと懸念したからである。かれの言葉を引用するならば、「いま私のいわんとするのは、かくのごとき広範かつ急激な社会的舞台の変革は、当然一時的には生産実績に影響するということだけであり、……」（*Ibid*.,p.64, 邦訳一一九頁）また、「長期的に見た情勢はますます社会主義者の野望に有利に展開している。（これは数世紀にわたる社会化の「生理過程」を意味すると考えられる）。けれどもいっそう重要なことは、資本家階層やその機関の一時的な活動停止に誘発されて絶好の機会が到来するような短期の情勢が発生するかもしれないということである。――一九一八年、一九年のドイツ情勢はよい実例である。ある人はまた一九三二年のアメリカの情勢をあげるかもしれない。」（*Ibid*.,pp.223-24, 邦訳四一三頁、括弧内筆者）

すなわち、シュンペーターはかれの資本主義進化の「生理過程」モデルにとっては外的な「加速度因子」（世界恐慌・大戦争）が誘発した「病理現象」が「秩序ある進歩」を妨げて、一時的・短期的な（おそらく数年から数十年）経済停滞をもたらす可能性をもつと憂慮したのである。一九三十年代以降の著作にはとくにこの「病理現象が」強調されており、『資本主義・社会主義・民主主義』だけをさながら主要な論評の対象とした場合、往々にして、経済停滞をかれの結論と理解しがちである。

ともあれ、シュンペーターが同書で展開した内容の論旨は二つあり、上記の見地からこれを理解することが重要であるが、それは「資本主義体制には自己崩壊に向かう傾向が内在すること、そしてそれは初期の段階では進歩を阻止する傾向という形をとって現れるということ、これである」（*Ibid.*,p.162, 邦訳二九五頁）。ただし、注意するべきことは自己崩壊の意味であり、「資本主義過程はそれ自身の制度的枠組を破壊するのみならず、また他の枠組のための諸条件をもつくり出す。したがって破壊という言葉はやはり適当な言葉とはいえない。私は転形（transformation）として語ったほうがよかったかもしれない。……すなわち、物事と精神とがますます社会主義的生活様式に従いやすいように変形されていくのである。」（*Ibid.*）

このような「資本主義の枠内における漸進的社会化」の長期的な諸傾向は資本主義の経済エンジンによって生みだされる内在的な傾向である。

（1）資本主義進化の生理過程

資本主義の進化に内在する、長期的な社会化傾向を社会の各領域における諸傾向についてみた場合、シュンペーターによると、これは「合理化、平等化（leveling）、機械化（mechanizing）、および民主化」（1939, vol.II, p.697, 邦訳一〇三〇頁）の各傾向である。仮に社会の各領域を文化、社会、経済、政治の四つに分けるとすると、上記の各傾向はこれらに対応すると考えられる。

論文「資本主義」（一九四六）において、かれはこれらの主要な四つの傾向について要約的に論じ、これらの観察された諸傾向が、「完全にはたらきつくすことを許されたなら」、資本主義から社会主義への長期的傾向があり、これが「科学的予測」であるとのべる。（1946, p.203, 邦訳三六—三七頁）

（1）「資本主義の時代が経過するにつれ、企業者の個人的リーダーシップが重要性を失い、ますます、大会社の内部におけるお雇いの専門家たちの機械化されたチームワークに取って代られる傾きをもつこと」

第一は経済領域における傾向であり、ここでの重要な契機は上述の四つの内の「機械化」である。「競争的資本主義」から「トラスト化された資本主義」への資本主義の進化は、競争的淘汰を意味する「創造的破壊」の過程により、産業の合理的再編成を果たしつつ、企業の大規模化の傾向をもつ。この大企業化に伴い、経済発展の担い手としての個人的企業者によって遂行された革新機能が専門家集団へと移り、革新そのものが「日常業務」と化し、予測、計算され、「自動機械化」(automatized)されるのである。また、この大企業化の傾向は、所有と経営の分離を通じて、ブルジョアジーの経済基盤を消失させることにより、旧来のブルジョアの「家族財産」を存続不可能とし、所得の「不平等」の原因を取り除く。

この経済領域の進化傾向について注意すべきは、革新の担い手の個人から組織への交替を意味する「企業者機能の無用化」についての解釈である。シュンペーターはこの「無用化」(obsolescence)によって革新が衰退するとはみていない。この点の考察は『資本主義・社会主義・民主主義』の第一二章「くずれ落ちる城壁」の第一節「企業者機能の無用化」に詳しい。ここでかれは、まず第一に、欲望飽和や生産方法が改善しつくされた状態は「非現実的」としながらも、その状態の下では静態的な状態が生じて利潤や利子率が零に近づき、ブルジョア階級が消滅する。そして産業の管理は日常業務と化し、その職員は官僚の性格をおびる。そして、きわめて無理のない型の社会主義がほとんど自動的に出現するとのべる。

つぎにかれはこの非現実的な過程をはずし、「企業者機能を主導因とした経済過程が委縮することなく進行した」(1942, p.132, 邦訳二三九頁)場合、すなわち革新過程がその勢いを失うことなく持続した場合を考察する。資本主義の上昇期(競争的資本主義)においては、革新は慣行の軌道を乗り越えることであり、それにともなう周囲の抵抗を克服することを意味したが、現在では革新が日常化し、「進歩そのものは予測され」、「正確に計算されうる」ようになり、「一群の専門家の仕事」となりつつある。また、社会環境が「経済変化に慣れ」、「抵抗を示さなくなる」のである。

「かくて、経済進歩は、非人格化され、自動化される傾きがある。官庁や委員会の仕事が個人の活動にとって代らんとする傾向がある。」（*Ibid.*, p.133, 邦訳二四〇頁）

以上のように、「トラスト化」段階の資本主義経済では革新は自動化され、したがって経済発展も自動化されるのであり、革新過程の委縮は生じないのである。

（2）「資本主義の構造を擁護していた制度や伝統が滅びていく傾きをもつこと」

第二は、社会領域における傾向であり、ここでの重要な契機は上述の「平等化」に対応する。これは、その最盛期において確立された資本主義を支える「経済的不平等」の構造の擁護制度としての「私有財産制度」と「契約の自由の制度」の形骸化傾向であり、その理由は、これらの制度を支持してきた貴族階級・ブルジョアジー等の衰退に求められる。

（3）「資本主義過程はまさにその成功により、これに敵意をいだく集団の経済的・政治的地位を高める傾きをもつこと」

第三は政治領域に属し、「民主化」の傾向をもつ。資本主義の経済的成功は、人口の大多数を占める「新中産階級」（「サラリーマン階級」）を生み出し、また、選挙権をあらゆる階級の手中へともたらすことにより、経済的平等への手段と「民主主義」（政治的平等）とを実現した。このサラリーマン階級は、「大・中ブルジョアジーの利益に敵意をもっている」（1939, vol.II, p.698, 邦訳一〇三二頁）のである。

(4)「また資本主義的階層自体、主として家族生活のきずなの衰退——それは資本主義過程の〈合理化的〉影響に帰せられるであろう——によって、以前にそれがもっていた動機づけの図式の支配力や役割をいく分か失う傾きをもつこと」

第四は文化領域の傾向であり、前述の「合理化」にあたる。シュンペーターによれば、資本主義は、経済活動のもつ合理的傾向を加速し、合理的なものの見方を助長した。これが「精神の合理化」の傾向である。このような傾向は企業経営者の「短期的」な視野を説明するとともに、広義の労働者（サラリーマン階層を含む）階級の労働組合を通じた種々の平等化政策、福祉政策をも説明する。ただし、上記の「以前にそれがもっていた動機づけの図式」（莫大な利潤への動機）は、官僚化され、所得が平等化した社会においては、別の動機図式——「社会的表彰や社会的名声」(1942, p.208, 邦訳三八二頁）などとこれに付随した特権——が有効性をもつとかれが述べる点は注意されねばならない。

以上のような各領域における諸傾向は、これらが完全に作用したならば、一方において経済過程の中央管理の可能性と経済的平等が実現した、無階級社会への物的条件をもたらし、他方、平等化社会にふさわしい精神的態度を生み出す。さらに、これらの条件が満たされること以外にも、社会主義社会が十分に機能するためには二つの条件が必要とされる。それは「資本の飽和」と「人口数の本質的恒常性」(1919, S.472, 邦訳一二〇頁）である。これは資本の飽和状態においてはじめて、経済は静態化して、「企業者機能の無用化」が完了し、経済の日常的管理を可能とするが、この産出量が不変の経済は人口数の一定を前提とせねばならないからである。シュンペーターによれば、これらの条件はいずれも資本主義がその内部から達成するのである。

ただし、注意すべきことは、かれが現実には欲望飽和が「飛んでいる的」(1942, p.131, 邦訳二二七頁)のようなものであり、技術的可能性は「海図に載っていない海」(*Ibid.*, p.118, 邦訳二一三頁)と指摘する点である。これは、欲望飽和が実現するような「霞のかかった遠い未来」までは経済発展が続く、あるいは、続かなくては社会主義が十分に機能するための条件が整わないということを意味している。またかれは、これらの条件が満たされた「極限の場合」においても、「資本主義秩序はそれ自らの力だけでは社会主義秩序に転化しないであろう」(*Ibid.*,p.220, 邦訳四〇七頁)と述べ、「憲法改正」による社会主義政権の誕生はシュンペーターの資本主義進化の「生理過程」の図式からは導かれないとしている。

(2) 病理現象

シュンペーターは一九三十年代以降の著作において、資本主義の「秩序ある進歩」にとっての阻害傾向を問題にしはじめた。かれによると、二度の世界大戦と世界恐慌とが、本来ゆっくりとした社会化の過程を急激に加速し、その結果として、第一次大戦後にヨーロッパで、世界恐慌と第二次大戦後にアメリカで労働者が急進化して、政界の態度・政策が急激に変化した、労働組合の政治力を行使した労働者達の要求は過度のものであり、これを反映した政策も、転形過程における安全の範囲を超えるものとなったのである。このような資本主義をかれは「労働主義的資本主義」と名づけ、その典型をイギリスにみたが、今やそれがアメリカをも脅かしつつあり、これがアメリカ経済を一時的な停滞へと追い込むのではないかと懸念したのである。これについて『景気循環論』でかれは以下のごとく述べる。すなわち、「資本主義はそのたんなるはたらきからして、それに敵対的な社会的雰囲気――読者が好むなら、道徳的慣例――を生み出すのであり、この雰囲気が今度は、資本主義が機能することを許さない諸政策を生み出している。この雰囲気あるいはこれらの政策が、時節が到来すると――すなわち、資本主義的過程が実際その力を使いつくしてしまうか、あるいは使いつくしつつあるときに――一般的となるような仕方で発展する、ということを保証する均衡化装置はなにもない。それらがヨリ早く一般的となるときにはいつでも、資本主義もその可能な代替物も作用することのできない状況を意味する行きづまりの危険をもたらす。これは、おそらくいまだ永久的にではないという程度において、アメリカで起こったことである。」(1939, vol.II, p.1038, 邦訳一一五六―五七頁、傍点筆者)

この引用においては、秩序ある進化過程としての資本主義進化の長期的な「生理過程」と「病理現象」とが明確に区別されている点に注意されたい。

さらに『資本主義・社会主義・民主主義』の最終章(一九四七年に加筆)において、かれはアメリカの厖大な生産可能性についての短期的予測を述べている。すなわち、「われわれは、産業過程それ自身の内部には、その実現を阻止するようないかなる原因も存在しないということをみてきた。われわれはまたあるいはその実現を阻止するかもしれない原因が産業の外部には存在するということもみてきた。……それは単に合衆国においてのみならず、世界における社会情勢の支配的な要因となるであろう。しかし、そうなるのは単に次の半世紀ぐらいのことにすぎない。本書において展開された長期の診断がこれによって影響されることはないであろう。」（1942, p.398, 邦訳七五七頁、傍点筆者）

この場合の「長期の診断」とは資本主義転形の「生理過程」を意味し、外的阻害要因は急進化した労働者階級によりもたらされた、当時の転形段階にとっては尚早な、過度の課税や統制政策等である。彼はこの「病理現象」が当時より約半世紀にわたってその爪痕を欧米社会に残すと予測したのである。

ここでわれわれにとって重要なことは、この引用においてシュンペーターが、アメリカの膨大な生産可能性を阻害する要因の作用が「単に次の半世紀ぐらいのことにすぎない」とのべ、これを克服して長期的な資本主義進化が続くと断言するのはどのような根拠によるのかということである。われわれの解釈では、急進化したひとびとの信念体系（社会的雰囲気）を背景とした労働組合による過度の反資本主義的平等化政策は、全体システムの中の非経済の各サブシステムである。二度の世界大戦と世界恐慌という加速度因子によってゆがめられたこれらのサブシステムは、それぞれ「相対的自律性」をもっており、外からの衝撃に「創造的に反応」することが可能である。おそらくサブシステムとしての信念体系の自律的反転は、科学の長期波動をかれが想定したとの事実を踏まえると（吉尾：二〇〇八）、コンドラチェフ長波の周期である約五〇年を要するとかれが考えたと解釈できる。

事実、アメリカ経済は七〇年代から八〇年代にかけて「労働主義」による先進国病に悩み、「アメリカの世紀は終わった」（都留重人）とまで云われたが、この労働主義的「信念体系」を自省、克復する形で乗り越え、九〇年代に入り情報通信、バイオ・テクノロジーなどを中核とした「革新」により復活を遂げたことは記憶に新しい。

4　おわりに

事物の内在的論理にもとづいて、数世紀にわたる社会進化の「生理過程」をその論理に即した、本質的な過程とみなし、偶然的なでき事により誘発される、一時的「病理現象」をこれと区別した、以上のようなシュンペーターの「理論づけられた歴史」のモデルからは、少なくとも経済停滞が必然となり、そのゆえに社会主義化するとの解釈は導かれない。歴史上資本主義は幾多の「病理現象」にみまわれ、その失敗の経験こそが正常な経路への梃子（「状況の論理」）として作用してきたのである。

かれによると、現代は転形の「過渡的状態」にあり、「資本の飽和」が実現する「霞のかかった遠い未来」をむかえるためには、現代の資本主義は「まず完全にその仕事を果たさねばならない」。(1924, S.523, 邦訳一九六頁）とかく、「病理現象」の影響にかくされ、社会進化の底流としての「生理過程」は見失われがちである。われわれはここに文明の円滑な進化にとって、その本質的要素と非本質的要素とを明確に区別したシュンペーターの壮大な体系のもつ現代的意義を見い出さねばならない。

第3章　シュンペーターの経済社会学と封建制度の進化

1　はじめに

シュンペーターのいわゆる「社会階級論」（一九二七）は、従来「指導力と階級形成」の観点から中世ドイツの封建貴族と近代産業ブルジョアジーの階級変動をパラレルに論じた、社会学の労作として評価されてきた。

本章ではこの「社会階級論」における中世ドイツの封建貴族の興亡隆替に関する叙述から、シュンペーターによる封建制度の「内在的進化」の図式を再構成して読み解く。

シュンペーターの経済学や社会学などの著作群から構成される社会進化についての壮大な体系は、『経済発展の理論』（一九一二）の初版第七章「国民経済の全体像」において示された「社会進化の一般理論」によって貫かれている。すなわち、「革新」による経済発展のメカニズムの原理は、経済以外の社会の他の領域の発展の分析にもアナロガスに用いられ、さらに、全体社会としての資本主義制度の進化の分析にも用いられている。社会のサブシステムの発展の理論を用いた分析と全体システムの分析は部分を拡大すると全体になるという意味でフラクタルな関係にあると考えられ、封建制度のシュンペーターによる叙述もこの意味で「内在的進化」を遂げるのである。

（1） 先行研究

シュンペーターの社会階級の盛衰に関する論文「人種的に同質的な環境における社会諸階級」（一九二七）は、いわゆる「社会階級論」と呼ばれ、かれの著作群のうち社会学に属するものとして評価されてきた。

これまでの代表的な論評のいくつかを取りあげるとすると以下のごとくである。ハーバード・ビジネススクールの名誉教授のトーマス K・マクロウ（Thomas K. McCraw）による博識にもとづいたシュンペーターの伝記、*Prophet of Innovation: Joseph Schumpeter and Creative Destruction*（二〇〇七）のなかで、マクロウは「社会階級論」について経営史家の観点から次のように述べている。

まずマクロウはこの論文が当時のヨーロッパの社会思想に対して大きな影響力をもっていたマルクスの固定的な階級観と相いれない階級変動を問題にしていると指摘する。すなわち「正しい診断は、資本主義の産業界で発生している絶え間ない発展の過程と競争的革新にある。」（McCraw:p.161, 邦訳一八六頁）

成功した革新的企業の地位の維持は困難を極め、マルクスが考えたように単に利潤を再投資するだけでは決して十分ではなく、この地位の維持は「身体的かつ神経的に並はずれたエネルギーが必要とされる」のである。

「シュンペーターは結論として次のように主張している。「階級の壁は常に例外なく乗り越えられることができる」。どうすれば可能か？「環境によって〝社会的に必要〟となった機能に関する適性」が優れていることによってである。経済進歩が社会的に必要な機能になった時、それにうまく適合した企業家はトップにのし上がる。しかし、資本主義の動態的な性格から、その企業家と家族の地位は本来的に不安定であり、これは重要な変動を意味した。「軍閥の首領はほとんどあらゆる面で自動的に人々の指導者になった。しかし、現代の産業家は決してそのような指導者ではない」。

総合すれば、社会階級に関するシュンペーターの論文は、適切な歴史、鋭い観察、直観に反した事実にあふれていた。そのため、これは発表されて以来、社会学という学問の中で中心的な研究対象となり、世界中の大学で行われている大学院生のゼミを活気づけている。」（*Ibid.*, pp.162-63, 邦訳一八八―八九頁）

すなわち、マクロウはシュンペーターの「社会階級論」について、経営学者の視点から、階級変動の根本原因を企業者による革新に求め、産業内におけるトップの地位維持のための尋常ならざる努力とエネルギーの重要性についてのシュンペーターの論述を評価している。

つぎにネオ・シュンペーター学派の進化経済学者であり、シュンペーター研究家でもある、エスベン S・アンデルセン（Esben Sloth Andersen）の「社会階級論」に対する評価を見てみる。かれは大著 *Schumpeter's Evolutionary Economics :A Theoretical,Historical and Statistical Analysis of the Engine of Capitalism*（2009）において、シュンペーターのほとんどすべての業績を取り上げ、その進化的性格を「社会進化の一般理論」として再構成する試みをしている。したがって、主要な論評の対象は『経済発展の理論』（一九一二）の土台としての『理論経済学の本質と主要内容』（一九〇八）と進化論的三部作としての『発展』、『景気循環論』（一九三九）、『資本主義・社会主義・民主主義』（一九四二）、さらには「社会進化の一般理論」の応用分析としての『経済分析の歴史』（一九五四）である。しかし、「社会階級論」（一九二七）、「帝国主義論」（一九一九）、「租税国家の危機」（一九一八）などの社会学に関する諸論文については「社会進化の一般理論」に関連して重要であると指摘しているが、それらへの言及は少ない。

アンデルセンによれば、「社会階級論」は中世ドイツ貴族と一九世紀産業ブルジョアジーの二つの事例にもとづいた階級の源泉についての理論を開拓したものである。そして、この二つの事例の重要な差異は、一方において、成功した（貴族の）家族はかつて一時的に獲得した地位を、あたかもそれが自動的に永続するものであるかのように、次第に恒久的に保有するようになったのに対して、他方、産業ブルジョアジーはその地位を最初に築くために成し遂げたのと同じ種類の成功を繰り返してゆくのでなければ、急速にその地位を失ってしまうのである。「それにもかかわらず、社会階級は社会的に重要な機能を遂行する家族の集合体であり、そして、階級の構成員たる資格はこれらの機能を果たす個々の適性に関連していることは明らかである。さらに、全体としての階級はその特定の機能とともに上昇し、衰退するのである。」（Andersen:p.95）

すなわち、換言すると「社会階級論」における中世ドイツ貴族と産業ブルジョアジーの興亡に関して、シュンペーターは「社会的に重要な機能」としての封建制度における「戦士的指導の機能」と資本主義における「企業者機能」を遂行する個々の「適性」により家族の階級的地位の上昇と下降や階級自体の成立を説明し、さらにこれらの社会的に重要な機能の「無用化」がこれらの階級自体の存亡を左右すると指摘したのである。

このような簡潔な叙述ながらアンデルセンはシュンペーターの「社会階級論」の要旨を的確に評価している。

上に述べた比較的最近の「社会階級論」についての評価とは別に「シュンペーター体系」における「社会階級論」の位置付けをめぐる論争についての評価がある。

シュンペーターの社会学に関する二論文、「社会階級論」と「帝国主義の社会学」の英訳版の編集者であるポール・スウィージーによると、マルキストの立場からかれは資本主義の完全な理論はその生成の理論、機能と成長の理論、そして衰退の理論持たねばならない。シュンペーターの著作の大部分は機能と成長の理論としての『経済発展の理論』、『景気循環論』などであり、生成の理論は「社会階級論」、衰退の理論が『資本主義・社会主義・民主主義』であると主張した。(Sweezy : 1951, pp.xiii-xiv, 邦訳八—九頁)

これに対して、O・H・テイラーはシュンペーター体系が経済学と社会学の「二部門構造」からなると解釈して、スウィージーがこれを理解せずに、シュンペーター体系をマルクス体系と同様な「完全に統合された、同質的な、一枚岩の体系」とみなしたと批判した。(Taylor : 1951, in

J.C.Wood ed.1991,vol.I, pp.279-80）

このようなスウィージーに対するテイラーの批判を踏まえて、大野忠男は『シュムペーター体系研究』（一九七一）第五章の補論「シュムペーター体系と『社会階級論』」において、テイラーの批判を正当なものとして評価し、自身による「社会階級論」についてのシュンペーター体系における位置付けを提起している。

シュンペーターはマルクスの歴史の経済的解釈の図式を以下のように再解釈し、自己の作業仮説とした。第一に、経済過程は自律的に進化し、次に、社会の階級構造がこの過程から派生する、あるいは究極的には生産構造によって決定される。さらに第三に階級構造の函数として「〝文明社会〟の一切の文化的表現」ないし上部構造がその上に形づくられるのである（Schumpeter : 1954,p.439）

大野によれば、一般に社会の歴史過程は上記の三段階構造をもち、このようにして「経済社会の歴史に関する分析的理論はおのずから、経済過程に関する理論、社会構造の理論ならびに文化社会学に関する理論の三部門に分割される。

したがって、「第一の経済分析に関するものとして、『本質』および『経済発展の理論』、第二の社会構造論にあたるものとして『社会階級論』、第三の文化的表現に関する分析として「時代精神の社会学」についてのいくつかの著作、すなわち、『帝国主義の社会学』、『租税国家の危機』、……という三つの部類に分類することが最も適切であると考える。かれの畢生の大著『景気循環論』、……『資本主義・社会主義・民主主義』は、これらの三部門での分析を総合しようと試みた点で、真に「シュムペーター体系」の名に値すべきものであったと言えるであろう。」（大野：一九七一、二四五―四六頁）

さらに大野は、このようなシュンペーター体系についての「三部門構造」解釈にもとづいて以下のように述べる。「スキージーの見解の根本的な欠陥は、シュムペーターがマルクスの図式に従って、下部構造と上部構造とを区別するとともに、両者の自律的進化の事実に対応して、経済学的分析と社会学的分析とを区別したことを全く無視した点にあった。さらにかれは、社会構造の理論が両者の間を架橋する環としての役割を果たしているという事実を全く認識することができなかった。」（大野：一九七一、二四七頁）

このようにして大野は「社会階級論」がシュンペーター体系において下部構造と上部構造とを架橋する環の役割を果たすと位置付けた。

一九九五年に塩野谷祐一によって出版された『シュンペーター的思考』は、それまでのシュンペーター体系研究における、シュンペーターの経済学的著作群と社会学的著作群からなる「より広い〝シュンペーター体系〟」（スウィージー）に学説史の著作群を加えてこれらを統一的に解釈したことで画期的であった。

塩野谷によれば、シュンペーターの社会科学のパラダイムは「総合的社会科学」と呼ばれ、これは経済を全体としての社会の中でとらえるという構想であり、マルクスの史的唯物論が社会の下部構造としての生産関係と上部構造としての観念体系との関連を捉えることを意図したのと同様に、シュンペーターも全体社会における経済と科学領域との関係に注目した。（塩野谷：一九九五、九頁）

そして塩野谷はこの「総合的社会科学」の体系をシュンペーターに内在して再構成するために、主として『経済分析の歴史』（一九五四）の第一編序論、「範囲と方法」に依拠してシュンペーターによる科学方法論、科学史、科学社会学からなるメタ理論の枠組みを抽出して、これを土台として、シュンペーターによる実体経済についての静態理論、動態理論、および経済社会学を組織化する。このメタ理論の一組は実体経済についての理論の一組と同様の構造を持っている。すなわち、科学の静態的構造を扱う科学方法論、科学の発展を述べる科学史、科学を社会現象として分析する科学社会学である。これらの二組の三層構造は社会学で繋がっている。この全体的イメージを塩野谷はマルクスの史的唯物論に匹敵する「社会と精神への二構造アプローチ」と呼んだ[6]。

このような「総合的社会科学」の構想において、塩野谷はシュンペーターの「社会階級論」を次のように位置付けている。

「彼の社会階級論は一般的な指導者論から出発して、さまざまな社会領域を「社会的必要機能」を果たす場としてとらえ、それらの複合を「社会的価値」ないし「社会的リーダーシップ」の視点から秩序づけ、こうして出来上がる歴史的な社会階層に対応する精神的、文化的表現を「時代精神」として包括するというものであった。資本主義の時代に関する限り、経済が最大の社会的必要機能を担い、社会の主導的観念をなしているために、シュンペーターの総合的社会科学の構想が、経済と制度との交渉を問う経済社会学を中心とすることは戦略的に見て当然であったであろう。その社会像の中で、社会階級論は、社会的リーダーシップを持つ経済機構と制度的上部構造との相互交渉を媒介する要の地位に置かれたのである。」（塩野谷：一九九五、二七八―七九頁）

以上のように大野ならびに塩野谷によるシュンペーター体系における「社会階級論」の位置付けは経済領域と非経済の制度的上部構造を媒介する環の役割というものであった。

(2) シュンペーターの経済社会学の構想（問題提起）

前章でも指摘したように、われわれはシュンペーターの経済社会学を『経済発展の理論』で示された「発展の一般理論」を社会の様々な領域の分析へとアナロガスに適応するものと理解する。そして、さらにこれらの個々の社会諸領域から構成される全体としての社会の分析にもこの発展の一般理論が応用されると理解する。すなわち、シュンペーターは市場の静学分析（一般均衡論）を土台として、均衡をその内部から破壊する「革新」とそれへの反応を『経済発展の理論』において記述した。この進化の「内生説」は社会の他の領域の分析において応用されるのであるが、その上、個々のサブシステムからなる壮大な「一般的相互依存の体系」としての全体社会において、主導領域によって引き起こされる壮大な発展を描く基本原理となっている。

重要なことは、経済サブシステムにおける一般的相互依存体系による均衡化メカニズムと「革新」による均衡破壊のメカニズムがそのままの形で拡大されて、フラクタルと呼びうるような全体システムとしての資本主義社会の進化のメカニズムとなっていることである。経済サブシステムにおける進化の主体的要因としての「革新」を遂行する「新企業」は資本主義の全体システムにおいては、主導領域である経済領域が担い、非経済の領域へのたえざる作用とそれらの反作用によって資本主義の変容をもたらすが、このメカニズムは経済サブシステム次元における、「革新」により生じた新事態がもたらす業界秩序の再編成と相似の関係にある。

シュンペーターによる資本主義進化のメカニズムは、このような進化の内生説にもとづいているが、前述のように、かれはこれを資本主義制度の「内在的進化」(immanent evolution)(1954, p.439, 邦訳、第三巻、九二五―九二六頁)と呼んだ。

シュンペーターによる資本主義制度の進化についての議論を理解する場合に重要なことは、第二章において指摘したように、以下の点に求められる。まず第一に、資本主義の過去から将来への進化の経路について、かれが数世紀にわたる長期的、本質的な「生理過程」と、短期的な(数十年)経済停滞を意味する「病理現象」を区別し、前者の「生理過程」が資本主義に内在する論理に即した本来の転形過程であるのに対して、後者は偶然的な外的撹乱要因(戦争・恐慌など)による「生理過程」からの一時的な逸脱を意味しているということである。『資本主義・社会主義・民主主義』(一九四二)を中心とした一九三〇年代以降の著作においては主として「病理現象」が強調されており、ともすると、この「病理現象」による資本主義の経済停滞がシュンペーターの本旨であると誤解されがちなことは十分注意されねばならない。

第二は、資本主義進化の「生理過程」の内容についてである。かれによると、一九世紀末の完成期以降、資本主義の経済発展は政治、経済、社会、文化の各社会領域における主要な変容傾向をもたらしており、これが資本主義に内在する「事物と精神」の「社会化」「合理化」の傾向である。これらの傾向を数世紀にわたる遠い将来に向かって投影した場合に浮かび上がってくるのがかれの言う「社会化された社会」(das sozialisierte Gemeinwesen)としての社会主義である。留意されるべきは、一九九一年以降の旧ソ連、東欧諸国の解体・変革において問題とされる社会主義とシュンペーターの言う「社会化された社会」としての社会主義との違いである。かれによる「社会化された社会」の意味するところは次のごとくである。すなわち、「社会化された社会の第一の前提は、資本主義がその任務をなし遂げ、資本が飽和し、企業者の頭脳によって厳密に合理化された国民経済が存在し、したがって社会主義に不可避な単なる経済発展の緩慢化——なぜなら社会主義は生活の経済からの解放、経済からの脱却を意味する——を安んじて期待しうるということである。この時期は来ていない……しかし、その時期は来るだろう。」(1918, S.57, 邦訳八一頁)

また、上述の観点から、一九一八年という早い時期にかれは『租税国家の危機』のなかで時期早尚な社会化を懸念し、ロシア革命の悲劇について述べている。「社会的な共同形態を実現しようとするあらゆる試みの悲劇――そしてとどのつまりのロシア革命の悲劇――は、苦難に鞭打たれて立ち上がったが、真の成功などとても期待できないような情況が存在したときに限って世人がその気にさせられたということである。このような情況に対処できるのは、本当は特有の気質と特有の経験・手段を持つブルジョア実業家だけだったはずである。」（*Ibid*.,S.57, 邦訳八〇頁）

つまり、私的企業の活動により資本主義がその任務をなし遂げ、資本が飽和するような遠い将来を待ってはじめて経済の社会主義的運営の条件が整うのであり、性急な社会化のもたらす危険をシュンペーターは憂慮したのである。

かれにとっては、「資本主義の枠内における漸進的社会化（gradual socialization）が単に可能であるばかりではなく、予期されるもっとも明白な事柄でさえある」（1942, p.227, 邦訳中巻四二〇頁）のであり、これが資本主義進化の「生理過程」である。

第三に「資本主義の枠内における漸進的社会化」という指摘には、一個の社会体制がその生成、発展、衰退の過程において、その体内に次の来たるべき社会体制のための基本的枠組あるいは条件を徐々に形作ってゆくという「内在的進化」の考え方が含まれており、この点の認識がシュンペーター体系を理解する場合においてとくに重要である。

本章の問題とするところは、上述のシュンペーターによる資本主義制度の「内在的進化の」考え方を、封建制度の進化についてもかれがこれを用いて分析しているのではないかという点にある。封建制度の分析はかれのいわゆる「社会階級論」（一九二七）に詳しい。これをめぐる従来の解釈においては資本主義の生成・発展・衰退と封建制度のそれとをシュンペーターが「指導力と階級形成」という同一の原理に基づいてパラレルに考察したとの観点からのべられており、この解釈自体はかれの論旨に沿ったものであり正しい評価といえる。しかしながら、本章で新たに意図するところは上述のわれわれの観点、すなわち、一個の社会体制の盛衰の過程において、その体内に次の来たるべき体制の枠組みあるいは条件が徐々に形成されてゆくとの観点から、封建制度の進化過程について、「社会階級論」における論述を読み取ることができるのではなかろうかということである。封建制度についても資本主義制度におけると同様にこのような解釈がなしうるとすれば、われわれの意味における「内在的進化」のヴィジョンがシュンペーターの壮大な歴史動学あるいは社会進化モデルにおいて、社会のそれぞれのサブシステムの進化とそれらが構成する全体社会システムの進化に通底する、重要なキー概念として認識されなくてはならないことになるのであり、封建制度の全体システムの進化も資本主義の全体システムと同様経済サブシステムの進化やそのほかの社会サブシステムの進化とフラクタルな関係にあるということになる。

われわれの問題に接近するために、以下にまず「内在的進化」の概念に関して、制度の「内在的進化」および経済の内生的発展と社会の内生的発展を、次に資本主義の「内在的進化」を再検討してからのち、封建制度の「内在的進化」を考察してゆくことにする。

2　制度の内在的進化

シュンペーターは『経済分析の歴史』のなかで、真の歴史動学への試みとして、ヘーゲルの発出論的進化論と、ここから制度の「内在的進化」のヴィジョンを導き出したマルクスの進化論に言及している。かれはヘーゲルの発出論について「自己自身の内容を展開しながら、経験される実在のなかに変化の継起を生み出すような形而上学的本体を把握することに発する推理を、われわれは発出論的な（emanatist）推理と呼ぶ」と定義して、ヘーゲルから以下のような歴史の内在的進化の論理を引き出した。（1954, p.437, 邦訳九二一頁）

「読者は、ヘーゲルによる進化の発出論的概念から、たとえその形而上学的装飾物を捨て去った後にも、なにものかが残る、すなわち、われわれが経験から知っているような現実的存在は、それ自身、内在的必然性から進化する進化過程であって、一定の状態あるいは水準を求める一群の現象で、したがってニュートン力学との類推が示唆するように、他の状態あるいは水準に移行させるために外的要因――あるいは少なくとも特定の要因――を必要とするようなものではないであろう、という着想、あるいはたぶん発見が残るということを認めるであろう。こういう着想は、もしそれが論証に堪えうるならば、きわめて重要である。」（*Ibid.*）

さらにシュンペーターは、ヘーゲルによるこのような着想が「社会的変化の事実に対する新しいアプローチを示唆するものである」（*Ibid.*, 邦訳九二二頁）と指摘している。
つぎにかれはヘーゲルの形而上学的本体のはたらきを転倒させ、物的生産過程の歴史的発展におけるその法則性を説いたマルクスの進化論に言及する。シュンペーターによればマルクスの経済史観はいかなる哲学および信条とも独立したひとつの作業仮説であり、その意味で有効である。そして、これを以下の三項目に要約する。「（1）［市民社会］……のあらゆる文化的表明は、究極においてその社会の階級構造の函数である。（2）一社会の階級構造は、究極においてかつ主として、生産構造（生産関係）によって支配される。……（3）生産の社会的過程は、内在的進化（それ自身の経済的与件、したがってまた社会的与件を変更する傾向）を開示している。」（*Ibid.*,p.439, 邦訳九二五―二六頁）
ただし、シュンペーターはマルクスの社会階級論に対して現実分析における有用性を認めないが、社会研究における階級現象の重要性の認識に関して、その貢献を認めたのである。また、かれによると、マルクスの業績として評価しうる事は、第一に、かれが統一的な社会科学を構想したこと、第二に、歴史の進化過程が、競争的資本主義の経済と社会を破壊し他のタイプの社会を生むような社会的条件を作り出す、との「経済過程の内在的進化という壮大なヴィジョン」（*Ibid.*,p.441, 邦訳九三〇―三一頁）を抱いていたことである。とくに、「内在的進化のヴィジョン」については、マルクスが経済分析家としてその偉大さを要求しうるのは、まさしくこの事実であり、またこの事実のみである、とシュンペーターは強調している。（*Ibid.*）

さらに、かれは『経済分析の歴史』の別の箇所でマルクスのヴィジョンに触れ、「資本主義秩序は単に歴史的な一つの段梯にすぎず、それ自身の内面的論理の力によって他のなにものかに発展していく運命をもっているという考え方……かかる考え方はただマルクスのみに属するのである」(*Ibid.*,p.544、邦訳一一四五頁)また「かれは、経済過程がいかに、それ自らの内在的論理の力によって自己自らを改変しながら、絶えず社会的枠組み——事実において社会の全体——を変革するかを示す課題に、その分析力を集中したのである。」(*Ibid.*,p.573, 邦訳一二〇四頁)と述べている。

シュンペーターはこのような「内在的進化」のヴィジョンにおいてマルクスと全く同一の立場をとるものであるが、この考え方がマルクスからの影響によるものではないということが、『経済発展の理論』の日本語版への英文序文において示されている。すなわち、自分の「考え方および目的が、カール・マルクスの経済的教説の基礎をなす考え方および目的と全く同じものであるということが、私にははじめに明瞭ではなかった。」(邦訳五頁)

ところで、シュンペーター自身による資本主義の「内在的進化」についての叙述については以下の例が参考になる。すなわち、資本主義には「社会主義の技術的・組織的・商業的・心理的前提条件が一歩一歩満たされていく傾向がある。」(1942, p.219, 邦訳中巻四〇五頁)また、「資本主義過程はそれ自身の制度的枠組みを破壊するのみならず、また他の枠組みのための諸条件をも作り出す。したがって破壊という言葉はやはり適当な言葉とはいえない。私は転形(transformation)

として語ったほうがよかったかもしれない。……すなわち、事物と精神がますます社会主義的生活様式に従いやすいように変形されていくのである。」(*Ibid.*,p.162, 邦訳上巻二九五頁)

したがって、シュンペーターは一個の社会体制がその生成・発展・衰退の過程においてその体内に、次に来たるべき体制の枠組みのための諸条件が徐々に形成されていくという社会制度の「内在的進化」のヴィジョンによって、資本主義制度の進化を考察したのである。

3　経済の内生的発展と社会の内生的発展

上述の社会制度の「内在的進化」のヴィジョンをシュンペーターはまず最初に、経済領域を対象とし、『経済発展の理論』において理論化した。周知のごとく、シュンペーターの経済学は与件変化の「内生説」(endogenous theory) とよばれる特徴をもっており、古典派の成長論が述べるように、経済成長が人口や貯蓄の増加という外的要因によって促されるとの立場とは明確に異なるものである。かれによれば、経済体系は「企業者」によって遂行される生産要素の「新結合」=「革新」により、あくまで、その内部から均衡が破壊されるが、経済体系が本来的に持つ均衡化傾向の働きによりはじめの均衡から乖離した経済をつぎの均衡へと導き、経済の発展は循環的波動の形をとるのである。

このような経済領域における自律的な(内生的な)発展は、そもそも経済領域に設定される、他の社会領域から画然と区別される自律性（Automomie）の認識を前提としている。経済領域における自律性の認識は市場の静学分析（均衡論）として確立されたが、シュンペーターはこれを「経済理論のマグナ・カルタ」と呼び最大級の評価を与えている。均衡論のもつ市場の均衡化メカニズムの分析は、一方において、経済領域に独自な自律性の存在を確証し、他方において、「革新」による均衡破壊によって生じた経済的攪乱状態の収束を説明するからである。こうしてかれは、『経済発展の理論』において市場の均衡化メカニズム分析を土台として、その上に「経済発展の理論」を構築したのである。

シュンペーターによる経済領域における自律性および自律的発展は、他の社会領域にも想定されている。前述のように、かれは『経済発展の理論』の初版第七章、「国民経済の全体像」において、経済領域のほかに、「政治、芸術、科学、社交生活、道徳観などの領域」（1912, S.536, 邦訳三九〇頁）に「相対的独立性」が備わっていると考えた。さらに、静態的考察法とのアナロジーにより、これらの社会諸領域は与件の影響下にあるとともに、それぞれ均衡化力をもっている。また、これらの社会諸領域は外的与件の変化に受動的に反応するのみならず、これらに独自の発展を持つものである。そして各社会領域に存在するこの「相対的独立性」にもかかわらず、ある領域にとっては与件としてみなされる他の諸領域の自律的発展が、与件の変化という形でその領域へと作用して、全体としてみるとあらゆる社会領域が相互に関連しあっているという一国レベルでの静態状態が構想されている。この一国レベルにおける各領域の相互依存の状態についての考察をかれは「文化水準の静態的統一性」の認識と名付け、この一国レベルでの静態状態を「社会的文化」と名づけた。そして、その全発展の総体を「社会的文化発展」と呼んだのである。(*Ibid*.,S.545, 邦訳四〇〇頁)

この一国レベルでの動態的発展、「社会的文化発展」のメカニズムも、「発展の理論」との類比にもとづくものである。この場合、経済発展における「革新」=「新結合」にあたる主体的な契機は、とくに資本主義時代においては、経済領域がリーディングセクターとしてその役割を演じるのであり、経済領域の活発な作用が経済領域はもとより他の社会領域において「社会化」「合理化」をもたらし、「社会化された社会」へと変容していくとのシュンペーターの資本主義進化論となるのである。ただし、この資本主義の進化においては、あくまで資本主義の経済内部から社会進化の原動力がもたらされるという点に、社会進化の「内生説」および社会制度の「内在的進化」と呼ばれる特徴があるのである。

4 資本主義の内在的進化

シュンペーターによると、資本主義には事物と精神の「合理化」「社会化」の長期的傾向が内在している。これらの長期的傾向を生み出すのは、経済領域において経済的進化の原動力として作用する「企業者」による「革新」=「新結合」であり、これが「企業者機能」である。かれは

「企業者機能」が、経済のたえざる再編成の動輪であるばかりでなくて、革新に成功した家族の社会的地位の上昇をも説明することから、これを資本主義における社会的に最も重要な機能として位置づけている。後述するごとく、資本主義の生成・発展期において「企業者機能」を遂行することによってその社会の支配的な階級となったブルジョアジーが、競争的資本主義の最盛期以降、大企業体制の時代になると、本来、その個人的な機能を組織的な企業運営に取って代わられ、さらに、所有と経営の分離を通じて支配的な地位から追い出される。すなわち、「企業者機能」という同一の概念が資本主義の生成・発展期において資本主義の確立に重要な役割を担い、その上、それ以降の時期を分析する場合、ブルジョアジーの解体と資本の社会化という「社会化された社会」の条件の形成を説明するのである。

資本主義に内在する長期的変容傾向は、上述の経済領域のみならず政治、社会、文化の諸領域にも想定されているが、シュンペーターはこれらの各傾向を一括して「合理化」の傾向と呼んでいる。以下に述べるごとく、資本主義の上昇期には資本主義の経済生活のもつ「合理化」傾向が封建制度の非合理的要素を取り除いて、資本主義確立に向けて作用したが、「トラスト化された資本主義」といわれる大企業の時代以降においては、「社会化された社会」のための条件を整えるのである。

「初期資本主義」から「重商主義的資本主義」と呼ばれる一八世紀末葉までは、封建制度の非合理的な身分制度、服従、十分の一税、国王などの要素に対して、資本主義の持つ合理的態度、合理的精神がこれらを排除する働きを示し、封建制度の枠組みの破壊を助長したのである。その結果、「無傷の資本主義」(Intact Capitalism)といわれる一八世紀最後の四半世紀から一九世紀末葉までの時代には、資本主義の純粋類型ともいうべき状態が現われシュンペーターはこれを「競争的資本主義」あるいは「拘束なき資本主義」(unfettered capitalism)とも呼んでいる。この時代には個人的「企業者」が活動し、これを支える「私有財産制度」および「契約の自由の制度」が機能しており、政治的、社会的雰囲気もこの時代と適合的であった。ところが、純粋類型としての「無傷の資本主義」が完成されて以降、「トラスト化された資本主義」の時代になると、資本主義に内在する「合理化」傾向は政治、経済、社会、文化の各社会領域において、以下に述べるように、「社会化された社会」のための諸条件を徐々に準備するのである。

資本主義の発展に内在する長期的社会化傾向は、「合理化、平等化(leveling)、機械化(mechanizing)、および民主化」という四つの各傾向に分けられる。(1939, vol.I,p.697, 邦訳第四巻一〇三〇頁)かれは上述の社会化傾向について、論文「社会主義への前進」において、四項目にわたり要約的に述べる。(1950, pp.417-18, 邦訳下巻七九三―九四頁)

「第一に、アメリカの生産力の発展過程における実業家階級の成功そのものが、そしてまた、この成功がすべての階級に対して新しい生活水準を創造したという事実そのものが、逆説的ではあるが、この同じ実業家階級の社会的政治的地位をひそかに掘りくずすことになった。これらの階級の経済的機能は、すたれたというのではないが、時代おくれになろうとし、官僚化されやすくなる傾きを持つ。」

これは経済領域における傾向である。「競争的資本主義」から「トラスト化された資本主義」への資本主義の進化は、「革新」にもとづくたえざる「創造的破壊」の過程を通じて、産業の再編成を遂げつつ大企業体制をもたらした。さらに、「競争的資本主義」の時代には個人的な「企業者」によって遂行された「企業者機能」が大企業時代になると、ガルブレイスがテクノストラクチャーと名づけたような「一群の専門家の仕事」となり、「革新」が「日常化」「自動機械化」されるようになる。また大企業化の過程において、企業の所有と経営の分離が進行しブルジョア階級の経済的基盤が消滅する。すなわち、「革新」の自動化と資本の社会化が進展するのである。「第二に、資本主義的な活動が本質的に《合理的》であるために、合理的な性向を普及させる傾向をもち、そしてそれは、生産工場の制度化されたリーダーシップが有効に働くためには不可欠な忠誠心や上下の命令服従関係の慣習を破壊する傾きを持つ。すなわち、いかなる社会体系も、それが（法律的に）平等な契約当事者間の自由な契約ネットワークのうえだけに基づく場合には、またそのなかで各人が彼自身の（短期的な）功利的な目的のみによって導かれていると考えられるような場合には、機能しえないのである。」

第二は社会領域における傾向である。ここではひとびとのもつ伝統的な社会的慣習の破壊と短期的・功利的目的に対する合理的態度の一般化がのべられているが、『資本主義・社会主義・民主主義』の第二部においては、資本主義の「擁護階層の消滅」として貴族階級の没落や「資本主義社会の制度的枠組みの破壊」として「私有財産制度」と「契約の自由の制度」の形骸化があげられている。ここで注目すべきは「私有財産制度」の形骸化についてである。先進資本主義諸国において生じた累進課税制度は莫大な「私有財産」の存在を不可能なものたらしめ、かつ、所得の平等化を促し、所有の社会化をもたらすのである。

「第三に、実業家階級が工場や会社の仕事に専念することは、その構造と利害とが大規模企業の利害から独立した、そして結局それに敵対的な態度を発展させたところの、一つの政治的な体制と一つの知識階級を作り上げるのに役立った。大企業はますます、短期的には、他の諸階級にとってきわめて有利な襲撃に対して、自身を防御しえなくなりつつある。」

第三は政治領域での傾向である。資本主義の進展は一方において、広範な社会階層へと選挙権を与えることになり、他方、教育水準の上昇と大多数の「新中産階級」を生み出した。人口の多数を占める知的サラリーマン階層の政治的利害はブルジョア階級のそれとは相反するものである。したがって、政治領域における民主化の傾向は反資本主義的諸政策として所得の平等化（社会化）への手段を提供するものである。

「第四に、これらすべての結果として、資本主義社会の価値図式は、因果的にはその経済的成功と関連していたにもかかわらず、大衆心理のみならず《資本家》階層自体に対しても支配力を失おうとしている。安全、平等、および統制（経済的制御）を求める近代の猛運動が、これらの道筋によって説明できることを示すには、殆んど時間を要しないであろう。」

第四は文化領域における傾向である。資本主義の合理化過程は「財産の実体の霧消」、「ブルジョア家庭の崩壊」などにより「ブルジョア的動因」を解体し、長期的視野と「資本主義的倫理」を喪失させる。他方、大衆心理も功利的なものの見方を当然視するようになり、資本主義による精神の合理化は、平等化社会の価値図式を準備するのである。

このような社会の各領域における事物と精神の「合理化」「社会化」の長期的傾向を数世紀にわたる遠い将来に向かって投影した場合に浮かび上がるのが、「社会化された社会」であり、経済過程の中央管理の諸条件が長期的に一歩一歩実現されていくことになる。さて、留意されるべきは、資本主義の歴史的進化過程はその体内につぎに来たるべき「社会化された社会」の枠組みの基本的条件を徐々に形作っていくとの、制度の「内在的進化」という考え方である。上述の、政治、経済、社会、文化の各社会領域における「社会化」傾向は、資本主義が生成・発展し、その純粋類型ともいえる「無傷の資本主義」、あるいは「競争的資本主義」を確立した以降の「トラスト化された資本主義」の段階において、顕著となるのである。換言すると、ひとつの体制がその上昇期を過ぎ、その体制の純粋類型を確立して絶頂期に達した段階以降になって、その体制内部に、次に来たるべき体制の基本的枠組みが徐々に形成されていくのである。つぎに、このような制度の「内在的進化」が封建制度の盛衰についても主張しうるかどうかが本章の主題なので、この観点から、シュンペーターの「社会階級論」を検討していく。

5　封建制度の内在的進化

第一章で述べたように、シュンペーターは「社会階級論」において、歴史的にさまざまな形態をとる階級変動の中から、同一の本質を抽出するという方法を用いて、階級形成についての一般理論の構築を試みた。かれは、同論稿において、社会的に重要な機能の遂行という観点から、中世ドイツの貴族階級と高度資本主義時代の産業ブルジョアジーとを例にあげて、階級変動を分析している。社会的に重要な機能とは、資本主義においては、新生産方法の導入や新市場の開拓などの「革新」の実現を意味する「企業者機能」であり、封建制度においては、軍隊の指揮や戦闘の指導を行う「戦士的指導の機能」(die Funktion kriegerischer Führerschaft) のことである。(1927 : S.38, 邦訳二二一頁) かれは、封建社会において「戦士的指導の機能」を果たすことの優劣によって、貴族階級内部でのもろもろの家族間の隆替、また、農民などの下級階級から貴族階級への階級間の上昇を説明し、さらに封建社会において、この機能の社会的重要性が増大したことによって、貴族階級がこの社会の支配階級へと進出することができたと指摘している。

われわれにとって重要なことは、シュンペーターの「社会階級論」において述べられている封建制度の盛衰について、これを制度の「内在的進化」の観点から理解することが可能か否かということであった。したがって、以下にこの観点から封建制度の生成・発展段階と衰退段階とをかれの叙述に依拠して論述する。
まず封建制度の生成・発展段階についてである。かれによれば、ゲルマン人の貴族階級は、大移動の時代から、メロヴィンガおよびカロリンガ朝へと時代が進むにつれて、「戦士的指導の機能」を遂行することによってその階級的な地位を上昇させていった。これは、この階級の機能の社会的重要性が高まり、さらにその重要性が民衆の間に承認されたという理由による。カロリンガ朝の時代になって、当時の階級構造に適応した管理方式として荘園的大土地所有制が成立し、これが一九世紀まで続く。かれは、この荘園的大土地所有制の確立以降の社会的過程全体を「世襲化過程」(Patrimonialisierung)と呼んでいる。(*Ibid*.,S.40, 邦訳二二三頁)
封建的貴族階級が近代の黎明期にいたるまで、その支配的地位を強化していった原因について、かれは以下の点をあげる。(*Ibid*.,SS.40-43, 邦訳二二三―二二七頁)まず第一に「この期間全体を通じて、戦争が生活様式としての性格を本質的にもちつづけていた」との点があげられる。戦争は日常的な事柄であり、戦争や戦争のための待機姿勢は、生き残るための不可欠な要素であった。自分でこれができないものは、いずれかの武将の保護に頼らねばならなかったのである。第二は、この階級の機能が死活的重要性を持っていたゆえに、「当時の戦士が騎馬兵としての専門家になった」ということである。戦士としての機能を十分に果たすためには、不断に武術を練磨する必要があり、戦士以外のものがかけもちで、この機能を果たすことは到底不可能であった。このような専門的戦士としての重臣群に経済的基礎を与える必要が、知行制度の目的を説明するのである。さらに、貴族の階級的地位を高めた理由の第三は、主要機能に対する副次的機能が、主要機能とより緊密に結合し重要性を増大させたことである。民族的視野や事業などが拡大し、上層階級は、帝国的大問題について活躍し、ますます力をうるようになった。最後に、階級的地位の上昇の理由の第四は、かれらにとって、辺境地域を植民地化する可能性が存在し、これを実行したということである。この結果、かれらは、富を増し、外国人を支配することによって、その階級的地位をたかめたのである。

つぎに封建制度の衰退段階についてみると、シュンペーターによれば、一四世紀末以来、貴族階級の地位はたえず下降してきた。ただし、その法律的地位は逆に一五・六・七世紀と上昇し、一八世紀になってはじめて下がりはじめたし、社会的地位は現在に至るまで維持されている。貴族階級衰退の根本原因について、かれは肉体的な武力闘争が社会の日常的生活様式ではなくなったために、貴族階級の主要な機能がその基礎を失ったことを指摘する。

「闘争がもはや生活様式でないようになれば、すなわち直接の個人的利益をまもるために闘争に訴えることがいつ何時必要になるかもしれないという事態がもはや存在しないならば、闘争は宿命的自明的な大事ではなくなる。戦争は、それでも起こりはするだろうが、他の生活分野と縁遠い、そしてそれをかきみだすというにすぎないところの、一種の非常事態と考えられるようになり、階級の全員が常時その全力を傾けて軍事訓練をするというような必要はなくなってしまう。」（*Ibid.*,SS.47-48, 邦訳二三三頁）

つまり、闘争が日常だった封建制度の上昇期において、領土を拡張し、国内を統一し、さらに貴族の階級的地位の上昇のために重要だった「戦士的指導の機能」が、封建制度が完成し、国家権力に貴族が従属して国内が平定され、社会環境が安定してくると「無用化」してくるのである。この「戦士的指導の機能」の「無用化」の過程をかれは広義の「世襲化の過程」と呼ぶ。この過程は封建制度が確立されたカロリンガ朝からはじまるのであって、かれによるとこの「世襲化過程は衰退の初期を表すものといえる。もっとも他の観点からすれば、それは、それに先立つ成功の結実であり表現であるにはちがいない。」（*Ibid*., S.53, 邦訳二四〇頁）すなわち、シュンペーターは、封建制度の完成あるいは成功のなかにその衰退の萌芽を読み取ったのである。

かれは、「世襲化の過程」を、「官職の世襲化」、「土地所有の世襲化」、「個人の世襲化」の三つに分けて考察している。（*Ibid*., SS.44-45, 邦訳二二九頁）

第一に「官職の世襲化過程」とは、かれによると「カロリンガ時代以来重要な職能が世襲化されていったあの周知の過程を意味する」のであって、「それらの職能は財産法の対象となる傾向をもっていた。」これは、封建制度の上昇期には貴族がみずからの武勲によって、その本質的な機能を果たすことにより獲得した地位・官職が、封建制度の確立以降、世襲化されるようになったとの事実を示し、「戦士的指導の機能」の「無用化」を意味する。そして時代の経過とともに官職は私的な売買の対象となったのである。

第二に「土地所有の世襲化過程」について、かれは「貴族による土地所有の制度が統一的封建制度から切り離されたもの――最初は事実上、それからやがて法律上も（それの端的な表れが知行の私有地化である）――になり、やがては単なる所得源・生産手段・すなわち取り引きの対象に変化していったあの変遷過程を意味する」と述べる。このような封建的知行体系の崩壊は領地の私有地化と貴族の「打算的・私経済的な態度」をもたらしたのである。

第三に「個人の世襲化過程」とは「個々人が封建的関係の義務や態度から抜け出して、理論上自分の工夫で生きねばならぬ市民となり、自分の私的環境を多少とも自由に作り上げるようになっていった――しばらくのあいだは依然として特殊な特権をもち、固定的な社会形態に結びつけられてはいたけれども――あの変遷過程を意味している。」この変遷過程は、貴族階級の基本的機能の剥奪をもたらしたと同時に、貴族にとっては「個人的解放の過程」でもあった。

このようにして封建制度の完成以降各社会領域における「世襲化の過程」が徐々に進行して、この体制の衰退がその動きを速め、他方においてその体内に私的経済領域が徐々に拡大していったのである。この封建社会の制度的仕組みの解体（＝資本主義制度の生成）について、かれは以下のように述べる。「職人の世界は、主として資本主義的企業者からくる競争の自動的効果によって破壊された。……領主や小農民の世界は、主として政治的――ある場合には革命的――活動によって破壊された。……古い経済組織の瓦解につれて、いままでその社会で指導的役割を果していた階級や集団の経済的・政治的特権、とくに土地を所有する貴族や紳士および僧侶の租税免除や政治上の得点も消滅した。経済的に見れば、すべてこれらのことは、ブルジョアジーに

とって多くの束縛の打破と多くの障害の除去とを意味した。」（1942, p.135, 邦訳上巻二四四—四五頁）

またかれは、一六、七、八世紀における、資本主義的ブルジョアジー勃興と国民国家の誕生との相関的過程が封建制度から資本主義への過度的な時期であったと指摘する。かれによると、ルイ一四世の君主政体をその典型とした場合、君主の力は土地所有貴族を服従させたが、仕事や恩給を与えることや支配階級の地位を条件付きで認めることでこれを懐柔した。また君主は僧侶を服従させ、それと手を結んだ。最後に君主はブルジョアジーへの支配力を強化したが、いっそう効果的にブルジョアジーを搾取するために、これを保護したのである。（*Ibid.*）

以上のようにして、封建的諸階級は、資本主義過程のつくりだした収益に依存して生活する度合いがますます大となり、封建的な所得源泉でさえも、同じ時代の資本主義発展の結果増大することとなった。そして内外の政策も制度的変革も、ますます資本主義の発展に適応するように、かつそれを促進するように形成されたのである。（*Ibid.*,p.136, 邦訳上巻二四六頁）

われわれは本節において、封建制度がシュンペーターのいう「内在的進化」を遂げるとの主張を主として彼の「社会階級論」に依拠して論証しようと試みてきた。かれによれば封建制度はその上昇期を終え、完成期に至って、各社会領域において「世襲化」の傾向が生じる。これらの傾向は一方において、封建制度の衰退を説明するが、他方において同時に、私的な経済領域の漸進的な拡大を意味し、封建制度の体内における資本主義の制度的条件の緩慢な形成をあらわすのである。したがって、シュンペーターは、封建体制の制度的進化をわれわれの意味での「内在的進化」に基づいて論述したといえる。

6　おわりに

本章を締めくくるにあたって、いま一度その主要な論点を要約するならばつぎのようになる。まず、第一章および第二章で指摘したように、シュンペーター体系を理解する場合において重要なことは、制度の「内在的進化」あるいは「内生的進化」というヴィジョンがかれの体系および思想の根本的な礎石をなしているということである。これは「発展の一般理論」として経済領域の『経済発展の理論』『景気循環論』で精緻化されその他の社会領域の分析に用いられる。さらに、この一般理論は部分を拡大すると全体となるとのフラクタルな形で全体社会の進化の分析へと適用され、壮大なシュンペーターの社会科学体系を構成している。

つぎに、かれは一個の社会体制がその生成、発展、衰退の過程において、その体内に次の来たるべき社会体制のための基礎的枠組みあるいは条件を徐々に形作っていくという「内在的進化」のヴィジョンによって資本主義制度と封建制度の歴史的進化を分析した。すなわち、資本主義の発展については、この体制が「競争的資本主義」あるいは「無傷の資本主義」とよばれるその完成期以降「トラスト化された資本主義」の段階になって、各社会領域における「合理化」「社会化」の傾向を生み、資本主義の衰退が始まるが、同時にこれらの傾向は「社会化された社会」の制度的条件の形成を意味するのである。また、封建制度の発展についても同様にして、この制度が完成し、荘園的大土地所有制が確立した時期以降、各社会領域において「世襲化」の過程が始まり、封建制度が衰退期を迎えるが、この過程は同時に私的な経済領域の拡大を意味し、次に来たるべき資本主義の制度的条件を徐々に準備していくのである。したがって、シュンペーターは「内在的進化」のヴィジョンによって資本主義と封建体制の制度的進化を考察したといえるのであり、さらに言えば、社会の各サブシステムとこれを拡大した全体システムがともに内生的進化という「発展の一般理論」によって、フラクタルな形で次元を超えて構成されているのである。

第4章　シュンペーターの民主主義論

——経済社会学の政治分析への応用

1　問題の所在

前述のように、シュンペーターの「経済社会学」（Economic Sociology）は、経済領域の発展の理論化（『経済発展の理論』）を応用して、他の社会領域の発展を分析することにその主眼がある。したがって、経済以外の各社会諸領域を「発展の理論」とのアナロジーで分析することが可能となるためには、各社会領域がそれぞれ自律性を持つとの認識が重要であり、これをシュンペーターは各社会領域の「相対的自律性」（eine relative Autonomie）あるいは「相対的独立性」（eine relative Selbständigkeit）と名づけた。つまり、マルクスが述べたような上部構造が経済下部構造によって一方的に規定されると言う認識では、経済以外の社会諸領域は経済領域の発展に従属するのみであって、自律性が認められておらず、それぞれの領域の自律的発展の分析は不可能となるからである。

『経済発展の理論』で示されたごとく、経済領域はそれ自らの秩序をもち、均衡化傾向とその均衡を経済内部から破壊する「革新」（「新結合」）を内在している。すなわち、経済はそれ自らの力によって歴史時間の中を進化して行き、経済領域においてはこれが景気循環の形をとる。

このような『経済発展の理論』における分析を他の社会領域の分析に応用する場合、上述のように、各領域には他領域から区別される「独立性」が備わっていなければならない。たとえば政治領域を分析する場合ならば、政治領域がそれ自らの秩序を持つことや、さらにこの秩序の破壊に対する秩序への復位、すなわち、均衡化傾向を有すること、そして政治領域内部から生じる、旧来秩序の破壊力が存在することなどである。このようにして他領域から明確に区別された政治領域の独自かつ自律的発展が分析可能となる。

周知のように、シュンペーターは『経済発展の理論』初版の第七章「国民経済の全体像」において、経済、政治、学問、芸術、道徳などの社会諸領域の独立性を指摘している。さらにこれらの諸領域は一国モデルの枠内で、相互に連関し、影響しあっており、この意味で「相対的独立性」を持つ。この一国モデルでは各領域は相互依存の関係にあり、一国規模の壮大な一般均衡が想定される。そして資本主義体制の下では、経済領域が壮大な一般均衡を打ち破る均衡破壊力としてはたらき、数百年という長期の過程のなかで、他の社会領域への作用・反作用を通じて他の体制へと変容を遂げる。この意味で『資本主義・社会主義・民主主義』における資本主義の変容は「発展の理論」の一国モデルへの応用として解釈できる。すなわち、シュンペーターの経済社会学的方法の資本主義分析への応用である。

さて、問題は、このシュンペーターによる「経済社会学」が、従来述べられてきたように、シュンペーターによって、経済史、統計、理論、の後に経済分析の第四番目の分野として指摘され、これから研究推進されるべき与件の理論ではなく、シュンペーター自身がすでにこの経済社会学的方法を用いて彼の諸著作を著しているという事実であり、先に指摘したように、彼の資本主義論はこの応用のひとつであった。

そこで本章では、まず第一に、シュンペーターの『資本主義・社会主義・民主主義』の第四部「社会主義と民主主義」で述べられている民主主義論も、彼の経済社会学的方法の政治領域への応用分析としてこれを理解することが可能であり、従来、政治学の分野においてユニークな理論としてその地位を占めるかれの民主主義論を、シュンペーターの全体系の中に据えて、かれの経済社会学という視点から評価してみる。

第二に、これを踏まえ、従来ほとんど問題にされることがなかったか、あるいは、問題にされても、不十分な理解しか得られてこなかった、『資本主義・社会主義・民主主義』の不可決の条件ないしは資本主義の「制動装置」としての民主主義の重要性の指摘こそが、シュンペーターの同書における真の意図であり、リアル・メッセージであるとの新解釈を試みる。

2　経済発展と政治発展のアナロジー

(1) 経済発展のメカニズム

(a) 経済発展のメカニズム　シュンペーターの描いた経済発展の構造は、周知のように、静態と動態の二つの現実に対して、静学と動学を対応させ、これらを統一的に理解するという方法がとられている。すなわち、自足的な体系としての経済領域が均衡状態にある場合、これを経済体系内部から破壊するのが「革新」であるが、この「革新」により引き起こされる経済体系の変化やこの変化に適応しようとして生じる種々の反応の結果、経済体系は新たな均衡状態に到達する。このように、シュンペーターは「革新」による均衡破壊と経済体系によるこの衝撃の吸収たる均衡化の過程を合わせて経済発展と、以下のように定義している。

「革新のもたらす経済過程内の変化をそのあらゆる結果や経済体系のそれへの反応とあわせて経済発展という言葉でよぶことにする」(1939, vol.I, p.86, 邦訳一二四頁)。つまり、不均衡化(革新)と均衡化の両過程についての統一的分析が「景気循環論」としての経済発展の理論ということになり、不均衡化現象を説明する前提として、均衡化現象を分析する装置としての均衡論が重要となるのである。

このようにして、シュンペーターは『経済発展の理論』の第一章および『景気循環論』の第二章において、経済外的あるいは内的撹乱に対する均衡化への「反応装置」として均衡理論を重視したのである。

さらにシュンペーターによる均衡理論を土台とした経済発展現象の分析方法の理解にとって重要なことは、これらの理論装置および分析方法と現実との対応関係である。シュンペーターによれば、経済体系内には「均衡状態に向かって移動する現実的な傾向が存在する」のであり、均衡理論が「われわれの周囲の現実の中に実際にはたらいている」のである。(*Ibid.*,I,p.47, 邦訳六六―七頁)

実際、均衡理論のみならず、発展現象を分析するためにシュンペーターが想定した種々の概念、たとえば、静態における変化に対して受動的、適応的のみに行動する人間類型、動態における変化に対して「創造的」に反応する人間類型などすべて現実の現象のなかに混在しているのであり、一見、二項対立的にとらえると相容れないこれらの対立概念は、シュンペーターの「発展の理論」のなかで、それぞれの持ち場をあたえられることで、生気を吹き込まれて、発展現象の統一的説明という役目を担っているのである。また、シュンペーターによる、ケネー、パレート、ワルラスへの評価について注意すべき点は、実態経済の歴史的進化、すなわち、歴史的事実としての経済領域の自律的循環の成立および発展を、ケネーが発見し、パレート、を経てワルラスが厳密に証明したということである。

周知のように、経済の自律的循環の抽象化は、重農学派、とりわけ、フランソワ・ケネーにより試みられ、最終的にレオン・ワルラスによって一般均衡理論として確立された。

以上のように、経済領域は現実的にも理論的にも、一個の秩序を持ち、与件の変化に対して、均衡化傾向を有する。さらに経済内部から「企業者」の「革新」により、均衡が破壊されるが、やがて市場の持つ復元力（均衡化力）により、つぎの均衡点へと経済は進化するのである。

（b）景気循環分析における生理過程と病理現象　第二章で述べたように、シュンペーターは『景気循環論』において「革新」により生起する景気循環過程を本質的な「生理過程」

(physiological process) と名付け、これにより誘発されて生じる投機活動などの「行き過ぎ」よってもたらされる経済的災禍を、革新による景気循環過程からみると非本質的な「病理現象」(pathological incidents) と呼んだ。この区別はバブル発生とその崩壊以降の日本経済の分析にとって、きわめて有効であることは論を待たないが、とくに、本章で後述する資本主義の進化過程についてのシュンペーターによる分析の解釈にとって重要である。また、この「生理過程」と「病理現象」との区別、すなわち、発展現象における本質的なものと非本質的なものとの区別は、シュンペーターの社会現象の分析において、きわめて特徴的であり、この思考方法における独自性の認識の欠如が、『資本主義・社会主義・民主主義』におけるかれの主張の理解に対して、長年にわたる障害となってきたと思われる。

また、『景気循環論』において示された『生理過程』と『病理現象』との区別というかれによる経済分析は、上述のように資本主義の進化過程の分析にも応用されており、この意味で、かれの「経済社会学」の一環である。

さて、上で触れた『景気循環論』における「生理過程」と「病理現象」について、第二章で詳述した内容を本節の目的に応じて要約的に再録するならば以下のごとくである。

『景気循環論』の第四章で、かれは革新のみが経済体系に作用して生ずる景気波動のメカニズムを「純粋モデル」と呼び、革新の作用により誘発された二次的反作用現象を捨象した純粋論理が示される。まず、一般均衡状態(定常状態)において、「企業者」による新生産関数の導入(新結合）が銀行の信用創造による融資を通じて遂行される。企業者の成功は、多数の追従者の模倣を生み、生産材価格の上昇を契機とする全般的な物価上昇という「好況局面」の特徴をもたらす。やがて、市場には新商品の流入が増大し、その価格は下落する。また、成功した企業者群による銀行への借入金返済は貨幣量を収縮させる。これらによって、好況局面のインフレは「自動デフレーション」という形で修正され、問題を残さない。景気は「後退局面」へ入る。新生産関数は一般化し、利潤および利子はゼロに近づき、経済は新しい均衡水準へ到達する。ただし、最初の均衡水準に比して、総生産高は増え、価格も低下している。好況において蒔かれた種子は、後退期において収穫される。消費者は後退局面で実質所得の増加を得る。

つぎに、シュンペーターは、革新の作用によって誘発された二次的現象を分析に導入する。（第二次接近）この「二次波」は純粋モデルから見ると、非本質的現象であるが、現実には量的に大きく、とかく純粋モデルとしての一次波は二次波に隠れ見失われがちである。第二次接近モデルでは、純粋モデルにおける好況、後退の二局面に加えて、「不況」、「回復」の四局面によって景気循環が説明される。その理由は、好況局面において投機活動や過度の信用膨張等の、革新によって誘発された付随的要因が価格水準を一次波をはるかにしのぐ程度に高め、好況を必要以上に押しあげる。やがて、一次波の後退局面入りに伴い二次波も下降するが、山高ければ谷深しのたとえのように、景気は後退局面を過ぎて不況局面に突入する。しばらくして、この「行き過ぎ」の清算が終息すると、「回復局面」がはじまり、新均衡水準へと経済は至るのである。

問題は、上述の「行き過ぎ」が、「純粋モデル」にとって「必ずしも固有なものではなく」、「論理的には非本質的な」現象であるということである。したがって、シュンペーターは偶然的な事情としての過度の信用膨張や投機活動等により生じた不況局面を、革新のみの作用を分析する純粋モデル、あるいは、「正常な過程」としての「生理過程内における病理的なでき事」(pathological incidents in a physiological process)(*Ibid.*, vol.I, p.162, 邦訳二三八―二三九頁)とみなした。

このように、シュンペーターの景気循環分析においては、景気現象にとって本質的な要因(革新)とそれによって生起する、純粋論理に即した「正常な過程」(「生理過程」)とそこから「偶然的」に派生する二次的、非本質的な「病理現象」とが峻別されており、このシュンペーターに特異な分析方法は、のちに述べるように、かれの資本主義進化論にも応用されており、『資本主義・社会主義・民主主義』を解釈する上できわめて重要な概念である。

(2) 政治の静態的自律性と政治進化の自律性

(a) 政治の静態的自律性　シュンペーターによると、他の社会領域から判然と区別される政治領域の自律性の根拠は、「その領域を自己の主たる活動の場とする人々がいる」とされる点である。(1912.S.536, 邦訳三九〇頁)『資本主義・社会主義・民主主義』においてかれは以下のようにこれを裏づける。

「われわれは政治が不可避的に一つの職業経路たることを認識せねばならぬ……個々の政治家が独自の職業的利害をもち、政治という職業そのものがまた独自の集団的利害をもっていることを認識せしむにいたる。」（1942,p.285, 邦訳五三四—五三五頁）

さて歴史的にみると政治領域の自律性はどのようにして確立されたのであろうか。英国を例にとり民主主義の発展史をみると、立憲主義を形成した要素として一三世紀に成立した根本法（マグナ・カルタ）を拠り所として、一七世紀以降、ブルジョアジーが絶対王権への抵抗運動の中から市民による自治を勝ち取りなし遂げられたものである。

（b）政治進化の自律性　シュンペーターの「発展の理論」によると経済進化の担い手は「企業者」によるイノベーションであったが、政治領域における進化についても、かれは政治的リーダーシップの重要性を指摘している。すなわち、

「彼（首相）は政党の意見を創造的に指導する——それを形成する——であろうが、ついには政党の境界を越えて大衆の世論をも形成するように指導するように進み、かくて……国民の指導という方向に進むであろう。」（*Ibid*.,p.277, 邦訳五一七頁）

また、「彼ら（選挙民）の選択は人民自身の創意からわき出たものではなくして、つくられたものであり、それをつくることこそが民主主義過程の本質的な部分となる。」（*Ibid*.,p282, 邦訳五二九—三〇頁）

さらにシュンペーターは民主主義について、「指導者たらんとする人々が選挙民の投票をかき集めるために自由な競争をなしうること」(*Ibid.*,p285, 邦訳五三四頁)と指摘している。つまり、政治領域における自律的進化は政治的指導者による、経済領域と同様な自由競争を通じて、達成されるが、これはシュンペーターが消費者主権に対して、生産者主権を唱えた経済領域での所論と同様であり、まさに「政治的指導者主権」により、政治進化はなされるのである。

3 資本主義の進化と民主主義

(1) 資本主義進化の生理過程と病理現象

『資本主義・社会主義・民主主義』においてシュンペーターは資本主義文明の過去から遠き将来にわたる進化過程についての長期診断を試みた。その要旨を略記するならば、資本主義の経済進化は非経済領域との相互交渉を通じ、「事物と精神」の「社会化」、「合理化」を押し進める。すなわち、資本主義には「社会主義の技術的・組織的・商業的・行政的・心理的前提条件が一歩一歩満たされていく傾きがある」(*Ibid.*,p.219, 邦訳四〇五頁)。あるいは、「私が強調せんと欲するのは、ただわれわれがすでに自由放任の資本主義の原理からはるか遠く離れたところまできているという事実や、さらにまた私的企業の運用を真正の社会主義的計画と異ならないような仕方に条件づけるように資本主義的諸制度を展開しかつ統御することが可能であるという、いっそう進

んだ事実にほかならない。」（*Ibid*.pp.418-19, 邦訳七九五頁）

ただし、注意すべきは、シュンペーターの言う社会主義は、先進資本主義の数世紀にわたる進化後の将来の姿を意味しており、近年、崩壊した旧ソ連、東欧型の社会主義とは異なる。一九一八年の『租税国家の危機』において、ロシア革命直後の時点で、かれは資本主義発展により準備される経済的豊かさなどの物的基礎やひとびとの「精神の合理化」などの条件を欠いた時期早尚な社会化のもたらす危険を指摘し、「ロシア革命の悲劇」を予見している。（Schumpter : 1918,S.57, 邦訳八〇頁）

さて、第二章で述べたごとく、シュンペーターの資本主義論を理解する場合に、肝要なことは、かれが資本主義進化の内的論理に則した、数世紀にわたる本質的な「生理過程」と偶然的かつ外的要因（世界戦争・大恐慌）によって生じた一時的な（数十年）、経済停滞を意味する「病理現象」とを峻別したという点である。

かれは、資本主義の社会各領域に内在する主要な変容傾向が、同一歩調で、かつ、変化への適応が可能な適度の速度で歩むような調和的、均衡的発展を、社会進化の正常なケースと捉え、これを「秩序ある進歩（orderly progress）、および場合によっては景気循環政策の多くの問題を解くとともに、ついには社会主義体制への移行の問題をも解くはずの発展」（1942,p.387, 邦訳下巻七三六頁）と述べ、この「秩序ある進歩」を本質的過程として「資本主義のわく内における漸進的社会化（gradual socialization）が単に可能であるばかりではなく、予期されるもっとも明白な事柄でさえある（傍点原著者）」（*Ibid.*,p.227, 邦訳四二〇頁）と主張した。すなわち、「秩序ある進歩」にもとづく「資本主義のわく内における漸進的社会化」がシュンペーターの言う資本主義進化の「生理過程」なのである。

ところで、シュンペーターは、一九三〇年代以降の著作において、資本主義進化の「生理過程」に対する阻害傾向（病理現象）を指摘し始める。二度の世界大戦と世界恐慌という「生理過程」からみると外的、非本質的「加速度因子」が、社会進化のペースを急激に加速し、第一次大戦後にヨーロッパで、世界恐慌と第二次大戦後にアメリカで、労働者を急進化させ、政界の態度および政策が急変した。労働組合を通じた過度の公的管理政策、過度の社会保障政策は「私的企業がその忍耐の限度を越えて」重圧を加えられたならば、経済停滞を招くであろうとかれは懸念した。このような「労働主義的資本主義」による「病理現象」がヨーロッパのみならずアメリカにも約半世紀にわたって後遺症を残すかもしれないとかれは、警鐘を鳴らしたのである。

さて、シュンペーターの言う資本主義進化の「生理過程」、すなわち、資本主義に内在する「社会化」、「合理化」の長期的諸傾向についてより具体的に見ていこう。『資本主義・社会主義・民主主義』の第二部において、本書第二章、第三章でみたように、かれはこれらの傾向を詳述している。

第一は、「企業者機能の無用化」である。「競争的資本主義」から「トラスト化された資本主義」への進展は個人的「企業者」による「革新」の「日常化」、「自動機械化」と担い手の官僚化をもたらし、絶えざる「創造的破壊」の過程は、産業の再編成を通じて、大企業化を促進する。この「完全に官庁化した巨大な産業単位は中小規模企業を追い出し」、かつ、「所有と経営の分離」を通じて、ブルジョアジーの経済的基盤を剥奪する。

上記の要点をまとめると、「革新」の自動化に伴う経済発展の自動化と「所有と経営の分離」による所得の平等化の傾向である。

第二に、資本主義の発展は、その擁護階層である貴族階級、職人、農民を追放し、資本主義社会の制度的枠組みとしての「私有財産制度」と「契約の自由の制度」の形骸化をもたらす。累進課税制度の導入は相続税の高税率化と相俟って、ブルジョアの莫大な「家族財産」を維持不可能なものたらしめ、労働組合の高まる政治的圧力は、労働者側の身分保障に有利な労働立法を確立する。

第三に、資本主義の経済的成功は、一方において、大多数の「新中産階級」を生み出し、他方、民主化の進展とともに広範な階層へと選挙権を付与した。「知識人」に扇動されるかれらは、ブルジョアジーの利益に敵対的であり、所得の平等化を求めて反資本主義的な「社会的雰囲気」を醸成し、一つの有力な政治勢力として、平等化政策を推進する。

第四は、資本主義を支える「精神の合理化」である。資本主義の発展過程がもたらした家族財産の実体の霧消は、「ブルジョア的動因」を衰退させ、長期的視野と「資本主義的倫理」を喪失させる。また、「精神の合理化」過程は大衆の価値図式におよび、かれらの平等志向と功利的行動様式を説明する。

以上のような社会各領域における主要な傾向が数世紀をかけて「完全に」作用したならば、経済過程の中央管理の可能性と、平等化社会にふさわしい精神的態度が準備されるのである。

(2) 自由・分権・柔軟的組織としての社会主義

前述のように、シュンペーターの述べる社会主義は、旧ソ連、東欧でおこなわれた、いわゆるスターリン型の社会主義ではなく、先進資本主義の進化型を意味している。従来のシュンペーター研究においては、かれの資本主義崩壊論に研究者の関心が集中し、われわれの言う「病理現象」を主因とする経済停滞によって資本主義が「行きづまり」となるとの解釈が主流を占め、その結果として、シュンペーターの考える社会主義についての積極的な評価がなされてこなかった。

われわれの解釈では資本主義文明進化の「生理過程」こそがかれの本意である。事実、われわれの解釈にもとづいたシュンペーターの予測の通り、アメリカ経済はその「病理現象」を克服して九十年代にはいって、見事に復権した。日本が現在直面しているごとく、資本主義は将来とも幾多の「病理現象」に見舞われるであろう。しかし、ジグザグに進路を取りながらもその都度これを越えて「生理過程」は進行するであろう。すなわち、「事物と精神」の社会化、合理化の進展である。したがって、資本主義の進化型としてのかれの言う社会主義のありようがここで研究上においても現実的にも重要な問題関心事となる。

ただし、シュンペーターの述べる社会主義[8]は数世紀を経た後に実現可能性を持つということである。現在はその過渡的中間形態であって、社会各領域における「転形」(transformation)もまだまだその途上にある。

また、前述のように、かれの言う社会主義が機能する条件にも注目する必要があろう。それは「資本の飽和」と「人口数の本質的恒常性」である。資本の飽和により、「企業者機能の無用化」が実現し、定常状態が可能となり、さらに、人口の不変は産出量一定の条件となる。これら二つの条件を資本主義が「傾向」として準備するのである。

しかし、注意すべきは、シュンペーターによると、現実には、欲望飽和は「飛んでいる的」のようなものであり、技術的可能性は「海図に載っていない海」(1942,p.118、邦訳上巻二一三頁)である。すなわち、上記の二条件実現の時期ははるかに遠いのであり、仮にこれが満たされた「極限の場合」でも、「資本主義秩序はそれ自らの力だけでは社会主義秩序に転化しないであろう」。(*Ibid*.,p.220, 邦訳四〇七頁) 換言すると、かれの資本主義進化の「生理過程」の内的論理からは社会主義政権樹立の可能性は乏しいのである。

それでも、現実はかれの言う社会主義あるいはポスト資本主義へ向けて「社会化」「合理化」が進展するわけで、最高度に進化した資本主義を受け継ぐであろう、つぎの文明をかれがどのように構想していたかを検討することは、さまざまな問題を抱える現在の資本主義との連続性を考えるうえでも重要であろう。

シュンペーターの述べる社会主義は結論的に言うと、民主主義とも合い入れる分権的な自由度の高い政治経済システムである。論文「社会主義への前進」において、かれは自分の描く「(中央集権的)社会主義」((centralist) socialism)の特徴について、点描している。

(1)社会主義は選挙制度を含む議会制民主主義(「政治的民主主義」)により統御される可能性を持つ。

(2)社会主義は、「行政的な意味における分権的な(decentralized)決定を排除するものではない」。

(3)社会主義は、ランゲ＝ラーナーモデルにみる競争的メカニズムの使用を排除するものではない。消費者選択の自由、職業選択の自由は必然的に制限されねばならぬというわけではない。(*Ibid*.,pp.415-16, 邦訳七八九―九〇頁)

(1)において、かれは民主主義的社会主義の可能性を認めている。資本主義進化の「生理過程」が貫徹するならば、高度に進化した資本主義を受け継ぐ社会主義は民主主義的自由をもつ社会、あるいは、資本主義のなかから生じた社会各領域の自由に裏打ちされた柔軟な組織を受け継いだ社会であろう。その意味で(1)では、議会制民主主義、(2)では、行政レベルでの「分権」、(3)では、のちに詳述するように、実質的に市場メカニズムにきわめて近い経済システムが構想されていいる。

以上から、かれの社会主義の内容の簡潔な要点および概要が記述されたが、以下に、これらを『資本主義。社会主義・民主主義』の第三部「社会主義は作用しうるか」においてより詳細に検討する。かれによると「われわれの中央集権的社会主義という言葉は、中央当局……が必然的に絶対的な権力をもつとか、執行に関するいっさいの主導力がすべてそこから生ずるとかいうような意味合いでの中央集権制を指示しようとするものではけっしてない。第一の点についていえば、中央当局ないし生産省は自己のプランを議会ないし国会に提出せねばならぬ。そこにはさらに、監督当局ないし監査当局――個々の決議に対する否認権すらもっているかもしれない一種の審査局の存在することもあろう。第二の点に関しても、若干の行動の自由は当然残されるべきであるし、事実、たとえば個々の産業や工場の管理者のごとき「現業に当たっている人」には、ほとんどたいていの自由が与えられるであろう。……すなわち、合理的な自由の量が経験的に知られており、かつそれが実際に許容されるので、……能率低下をきたすおそれはないものと仮定するのである。」(*Ibid*.,p.168, 邦訳三〇三―三四頁)

シュンペーターのいう中央集権的社会主義は、旧ソ連型であると解釈するケースもあるが、決して旧ソ連型の硬直した指令経済を意味しない。上述のごとく第一に、議会制民主主義のもと選挙で選出された議会は、中央当局のプランに民意が反映されていなければ、これを拒否し、民意を反映させることが可能である。さらに、「一種の審査局」によるチェックも可能である。第二に、プラン遂行の際に、生産にあたる各段階のセクションには「分権的」な自由裁量権が与えられている。このことは、変化に対応する組織の柔軟性と現場の創意工夫を可能とするのである。

つぎに、かれの考える社会主義の経済システムを検討しよう。これは実質的に価格メカニズムを含んだ資本主義の経済システムにきわめて近いものであることに注意すべきである。かれは『資本主義・社会主義・民主主義』第三部、第十六章において「社会主義の青写真」について述べている。最初に、エンリコ・バローネに依拠して、静態過程における合理的生産の問題を取り上げる。

商業経済と社会主義経済との論理的差異は、商業経済において生産過程で生じた所得の大きさがそれに応じた生産物の分配を自動的に決定するが、社会主義経済では異なる。そこには生産手段の市場価値が存在せず、これを分配基準とすることができない。分配は平等を旨とする政治レベルの問題となる。そして生産物にみあった量の消費財に対する請求権を示す「指図証券」の配給による消費選択の自由がここにはある。ここでのかれの議論は、後述のごとく、あくまで原理、原則的なものであることに注意を要する。

つぎにかれは、ラーナーによる競争メカニズムを導入する。すなわち、中央当局の生産資源配分に際し、各産業管理者は「消費財の先行配給によって獲得した消費者ドルの一定量を中央当局に引き渡さねばならぬ――それはちょうど、中央当局が一定の「価格」で生産財および用役をすべての産業管理者に対して無制限に「販売する」用意ありと宣言するすることに等しいとも言いえよう。」(1942,p175, 邦訳三一九頁) この一例が示すごとく、「価格」メカニズムが導入される。「かくて各産業局の仕事は一義的に決定される。……わが社会主義共同体の産業管理者も、生産手段の「価格」が公布せられ、そして消費者がその「需要」を明示しさえすれば、何を、いかにして生産するかということ、および、どれだけの量の生産要因を中央当局から「購買する」かを知るであろう。」（*Ibid*.,p.177, 邦訳三三二頁）このようにして、実質的に資本主義と同様、静態条件下において、合理的な生産がなされる。

さらにかれは「革新」の存在する動態条件下の場合を考察する。そこでは「革新」にともなう「利潤」の存在は、「所得の絶対的平等の原則の放棄」や「社会主義社会が無理なく許容すると思われる程度の「所得」の不平等」により容認される。そして、「革新」に不可決の「信用創造に類するようなもの」も可能である。かくして、シュンペーターは「商業経済と社会主義経済との間の同族的類似性」（*Ibid*.,p.181, 邦訳三三九頁）を結論する。

したがって、かれの示す社会主義は、資本主義から生じた政治・経済的自由、換言すると、選挙を通じた議会制民主主義にもとづく社会的柔軟性および、価格による競争メカニズムを実質的にもつ経済的柔軟性のある社会なのである。

これを踏まえ、つぎにこの資本主義進化の「生理過程」の極点である政治経済的柔軟性をもつかれの社会主義への着実な道程を制御する「制動装置」としての民主主義の役割についてシュンペーターの民主主義論を吟味する。

（3）社会進化過程における民主主義の役割

シュンペーターの民主主義論は、従来、ロバート・ダール、アンソニー・ダウンズをはじめ、現代民主主義論研究への多大な影響にみられるように、主として政治学者により取り上げられてきた。（白鳥・曽根編：一九八四、一〇―三三頁）かれらへの影響力へのシュンペーターの主要な貢献は、十八世紀の功利主義に根ざした「公益」、「一般意志」などの非現実的概念を拠り所とする「古典的民主主義学説」に対する批判の上に、「いまひとつの民主主義論」と題して自説を提示したことである。かれらへの貢献という観点からみたシュンペーターの主要な論点は、（1）民主主義を手続き、制度として捉えたこと（2）主導力獲得競争の理論という発想は経済と同様、政治領域においても競争概念が有力な分析道具であることを示した点（3）経済における「企業者」と同じく政治においてもリーダーが発展をもたらすとした点にある。（前掲書、三一頁）

（a）民主主義の機能の本質　さてわれわれの問題は、資本主義文明の「生理過程」の進展にとって民主主義のもつ役割如何ということである。『資本主義・社会主義・民主主義』第四部「社会主義と民主主義」第二十二章「いまひとつの民主主義論」において、かれによる有名な民主主義の定義が述べられている。すなわち、「民主主義的方法とは、政治決定に到達するために、個々人が人民の投票を獲得するための競争的闘争を行うことにより決定力を得るような制度的装置である。」（1942,p.269, 邦訳五〇三頁）

かれはこの定義の有益性に関して、民主主義的政府の有効な判断基準となること、主導力の概念の導入、政治的指導者により集団的意志が顕在化すること、政治領域における競争の存在、この主導力獲得への自由競争にともなう自由の重要性などを指摘したのち、六番目にわれわれが注目すべき民主主義の重要な機能が、かれによって強調されている。「第六に、政府をつくること……を選挙民の第一義的な機能たらしめるさいに、私がこの句のなかに政府を追放する機能をも含めようと意図していた点は、注意されねばならぬ。……選挙民は、通常彼らの指導者に対しては、その再選を拒否するか、またはそれをささえている議会の多数派の再選を拒否するという方法以外には、なんら統御の手段をもっていないのであるから、……。」(*Ibid*.,p.272, 邦訳五〇八頁)

さらに第四部の第二十三章「結論」において、シュンペーターによる民主主義論の要点の第一番目として上記の内容を繰り返して強調している。「民主主義という言葉の意味しうるところは、わずかに人民が彼らの支配者たらんとする人を承認するか拒否するかの機会を与えられているということのみである。」(*Ibid*.,p.285, 邦訳五三三頁)

それでは、選挙民による指導者ならびに政府への拒否権が民主主義の最重要な側面であるとのシュンペーターの主張は何を意味しているのであろうか。

ここでかれの「経済社会学」的分析方法が意味を持つ。シュンペーターの「企業者」は絶えざる与件の変化に対して、経済領域内部において、俊敏な「創造的反応」すなわち「革新」を断行する。この場合、かれの行動へのインセンティブは、私的王朝建設の野望、勝利者意志、創造の喜びなどである。政治領域においても事情は同様である。「相対的自律性」をもつ政治領域における政治的「企業者」=指導者は絶えざる政治的与件の変化に対して、政治内部から即時的「創造的反応」=「革新」を遂行する。この場合のインセンティブが、まさにシュムペーターの指摘する選挙民による政府への拒否権である。選挙民の審判による絶えざる落選の圧力は、つねに政治的「企業者」の変化への即時的「創造的反応」=「革新」を促す。すなわち、ここに、後述するような「経済の政治化」や飢饉などの「病理現象」の克服へ向けての、政治領域での自己革新ないし自律的な浄化作用を含む即時的対応が促進される原理的根拠が示されるのである。

したがって、シュンペーターによる民主主義の機能の本質は選挙民のもつ拒否権が強制する社会病理への即時的な対応=「革新」的反応であり、これが、資本主義の「生理過程」からの逸脱を修正する「制動装置」としての役割を担うのである。

(b) 政治領域の生理過程と病理現象　前述のように、資本主義進化の「生理過程」と「病理現象」を考察した際には、政治、経済、社会、文化などのサブシステムをその中に含む総体としての資本主義文明の生理と病理を問題としたのであるが、ここではサブシステムとしての政治領域の進化過程における「生理過程」と「病理現象」を取り扱う。政治領域における民主主義的方法の正常な機能(生理過程)とこれを阻害する要因(病理現象)との分離による理解は、かれの「経済社会学」的分析方法にもとづいたものであり、かれの主張を正確に解釈しうると思われるからである。

かれは前掲同書第四部第二十三章「結論」において、「民主主義的方法の成功の条件」と題し、先進工業国を考察の対象に限定し、成功の四条件をあげている。(1942,pp.290-6, 邦訳五四三―五五六頁)
(1)「政治の人的素材が……十分に高い資質をもっていなければならない。」
これは十分な能力と、道徳的品性の兼備以上に、「天職として政治に従事する社会階層」の存在の重要性を意味し、イギリスを典型とした政治的リーダーシップにおける強烈な使命感をもつ階層の重要性の指摘である。
(2)「有効な政治的決定の範囲があまり広すぎてはならない。」
これは、政府や議会の構成員のみに意思決定を集中するような中央集権制の弊害を意味し、これに対し、かれは政治的意思決定の分権制を主張して、その例としてアメリカの州際商業委員会が「政治的決定の領域を拡大することなしに公共当局の管理領域を広めようとする企図を具体化した」と述べる。(*Ibid*.p.293, 邦訳五四九頁)注意すべきは、ここでもシュンペーターが、前述のごとく、社会主義経済の公的管理という問題への分権制の導入による運営という解答を出しているということである。
(3)「しっかりした身分と伝統、強烈な義務観念とこれに劣らず強烈な団体精神をもち、しかもよく訓練された官僚」の存在。

かれらは「しろうとによる政治」を補佐し、広大な公的管理を支える分権制の担い手として各部署を守る。そのためにはなによりも、「官僚はなにものにも束縛をうけぬ一つの勢力でなければならぬ。」(*Ibid.*,p.293, 邦訳五五一頁)

(4)「民主主義的自制」

ここでの主張は、民主主義的方法が円滑に機能するために、選挙民も政治家も高い知性と道徳をもち、さまざまな誘惑に負けず、それぞれの役割をまっとうすべきということである。最後にかれは上記四条件に「異なった意見に対するきわめて広い寛容」をつけ加える。以上の条件が有効に機能した場合、民主主義的政治過程は成功的に運営される。(政治領域の「生理過程」)

さて、シュンペーターによると、「歴史的にみれば、現代の民主主義は資本主義とともに出現してきたものであり、それと因果的な関係をもつものである」(*Ibid.*,p.296-7, 邦訳五五七頁)。かれの言う民主主義は、ブルジョアジーに新生面を与えた政治的・制度的変化の過程を支配したのみならず、さらにそれ自身の立場から、ブルジョアジーの擡頭に先行した社会的・政治的構造を合理化した。したがって、「現代の民主主義はやはり資本主義過程の産物である。」(*Ibid.*,p.297, 邦訳五五七頁)

「ブルジョア資本主義」とよばれる「全盛期における資本主義」においては「吝嗇な国家」という理念に代表されるように、ブルジョアの活動を保証し、個々人の自発的な努力が、支持されていた。「民主主義的な自己抑制の実行は、当然に国家にたよって生活しようとする階級よりも、放任してもらうことによって自分の利益がもっともよく実現される階級のほうが容易である。」(*Ibid*.,p298, 邦訳五五九頁)

しかしながら、「資本主義はいまやそれが所有しつづけてきた長所を失いつつある。」二十世紀初頭まではイギリスの労働者は積極的に自己の特権を要求しようとはしなかった。だが、いまや「政治生活がほとんど圧力集団の間の闘争に還元してしまい、また多くの場合には、民主主義的方法の精神に準拠しえない行動がその作用方式を歪曲するほどに重要なものとなっていた。」(*Ibid*.,p.298, 邦訳五五九頁) つまり「社会構造の基本的な問題について国民のあいだに大きな分裂のある場合には民主主義的方法はけっして最良の状態では機能しない」(*Ibid*.,p.298, 邦訳五六〇頁) のである。

このように民主主義的政治過程は、二十世紀初頭以降においてさまざまな利益団体の政治的圧力により民主主義的方法の正常な機能がゆがめられるという「病理現象」によって阻害されはじめることになる。ハイルブローナーによると、これは「資本主義の経済過程への政治領域による浸透」である。(R.Heilbroner : 1992,p.90, 邦訳六八頁)

ただし、注意すべきはシュンペーターが、このような民主主義の阻害傾向の増大に対して以下に述べる点である。すなわち、「だがそれにもかかわらず、資本主義秩序においては真の民主主義はあり「えない」というのは明らかにいいすぎである。」(1942,p.298, 邦訳五五九頁)

つまり、前記の資本主義の内的論理に即した進展にとって、外的、偶然的要因により生じた、急進化した労働組合の政治的圧力にもとづく「労働主義」や各種の利益団体による利益誘導型政治の蔓延は、資本主義進化の「病理現象」のみにとどまらず、政治領域における民主主義の正常な機能をも阻害するが、シュンペーターはそれが支配的な常態となるとは見ていない。かれによれば、この「労働主義」をはじめとする「病理現象」の貫徹による「拘束された資本主義」を社会主義と呼ぶかは用語の問題にすぎないとしつつも、「もしそれがそういった問題以上のものであるとするならば、その予見は、現存する諸傾向のみならず、既成の事態の逆転の見込みにかかわり、したがって、そういった逆転をもたらす能力と意欲とを有する政治的勢力がはたしてどこから生じるか、という問題への解答に依存するのである。」(Schumpeter : 1951,p.204, 邦訳三九頁)

すなわち、「相対的自律性」をもつ政治領域における「創造的反応」=「革新」である。この政治「革新」こそが民主主義的政治過程における「病理現象」を克服し、民主主義の四条件を満たした「生理過程」への回帰を可能とし、その結果、民主主義の正常な機能は総体としての資本主義文明の円滑な進化(文明進化の「生理過程」)を推進するのである。

4 シュンペーターのリアルメッセージ

以上のごとく、本章では、『資本主義・社会主義・民主主義』における民主主義のもつ意義・

役割について、シュンペーターに内在し、かれの「経済社会学」的方法に準拠して、解明してきた。その主要な論点は、第一に、かれの言う資本主義から社会主義への進化はその「生理過程」と「病理現象」に区別され、前者がその本質的経路であること。第二に、かれの言う社会主義は資本主義の発展型であり、政治経済的自由を内包した、民主主義とも合い入れる、きわめて、資本主義に近い「同族的類似性」をもつ。第三に、民主主義的方法は、政治家にとって絶えざる選挙民による拒否権の発動という社会経済問題解決へのインセンティブをもち、政治領域での自己革新を可能とする。第四に、民主主義は、資本主義文明進化の「生理過程」からの逸脱を修正する「制動装置」として機能する。

したがって、シュンペーターの真意は、資本主義文明の「生理過程」を成就させること、すなわち、企業の盛衰に例えるならば、文明が「病死」ではなく「人間が老齢になって死ぬように、『自然』死をとげる」(1939, vol.I,p.95, 邦訳一三七頁) ことにあり、この場合の不可決の条件が民主主義の有効な機能であるということになる。

シュンペーターのメッセージは二十一世紀を迎えてなお、その価値を減じない。アマーティア・センによれば、二十世紀のもっとも重要な教訓の一つは、市場システムを機能させるために民主主義は不可欠であり、「政治的・市民的権利は経済や社会の破たん全般を防ぐのにも機能する」、「政治的インセンティブは経済的インセンティブを補完するために必要である。これが二十世紀の最も重要なメッセージの一つである」(セン、一九九七)。さらに、「支配者は、選挙で人々の批判に直面し支持を求めなければならないとき、人々が何を欲しているかを聞こうとする。……民主的な形態の政府と、比較的自由な報道のある独立国では大きな飢饉はどこでも一度も起こったことがない。」（Sen：1999,p.152. 邦訳一七二頁）

また、香西泰は日本が直面する、既得権益の打破をめざした構造改革断行のためには、民主主義と市場経済の徹底を主張する。（香西：一九九五、五頁）すなわち、「民主主義と市場経済は絶えず自己革新を要求する。シュンペーターは……停滞的な資本主義は考えられず、技術革新と創造的破壊が付き物だと述べた。事情は民主主義についても同じだ。」（香西：一九九七）

塩野谷祐一は、香西同様に、日本がかかえる行財政改革に際して、シュンペーター研究の立場から、「革新と指導者の役割は経済の領域だけに限られるのではない。……今日、さまざまな改革の実行を求められているのは、政治ではないか。政治におけるリーダーシップとは、慣行と旧弊にさいなまれている社会機構を創造的に破壊する政治力である。」（塩野谷：一九九七）

したがって、民主主義的方法は資本主義進化の「生理過程」への必要条件であるとのメッセージは世紀を越えて重要である。

第5章　シュンペーターの歴史動学における文化理論の重要性

――ハビトゥス論への先駆的貢献とブルデューを超えて

1　はじめに：二十一世紀は文化の時代

二十一世紀は社会科学における文化理論の時代であると思われる。最近の文化理論研究の進展はP・ブルデューをはじめとして隆盛である。ほぼ一世紀前、シュンペーターはその著書『社会科学の過去と未来』（一九一五）において文化現象の分析こそが、社会科学の研究が最終的に目標とする「最後の灯台」であり、「法、宗教、道徳、芸術、政治、経済、論理学、心理的現象など」の社会諸領域の「社会学化」（Sozialisierung）という社会科学進化の趨勢に従って、「文化理論の時代」（Epoche der Kulturtheorie）の到来を予測するとともに、一般的に認識されていないが、かれ自らが文化現象の「社会学化」（上部構造の分析）を実践し、その上で経済領域（下部構造）と非経済領域（上部構造）の相互交渉を通じた壮大な資本主義文明の進化を論じたのである。

塩野谷裕一は『シュンペーター的思考――総合的社会科学の構想――』においてシュンペーターの個人的ハビトゥスを「総合的社会科学」と喝破して、「社会と精神への二構造アプローチ」の全体像を解明し、シュンペーター体系における文化現象の分析の重要性を指摘した。これを踏まえ、本章では「文化の社会学」と呼ばれるブルデュー社会学とシュンペーターによる文化現象の分析を含んだ歴史動学との比較検討を論じる。

また近年、ＩＭＦや世銀を中心とした国際経済機関の政策決定の理論的支柱として影響力を保持してきた新古典派経済学への限界が指摘され、これを乗り越える試みがなされている。その試みの出発点となった反省は、新古典派経済学が前提としている特定の時代的、地域的状況の特殊性と経済システムに限定された分析方法などである。そこで経済を社会に埋め込まれた全体の中の一部として理解する観点から、人間社会の変容を経済システムと非経済システムの相互作用として把握した壮大な歴史動学の再評価とこれを土台とした経済学の再構築が要請されている。(大野：一一八二頁)

(1) マルクス――経済⇓非経済

マルクスの唯物史観では歴史変化の原動力は「生産力」にあり、各時代の生産力の実現にふさわしい「生産関係」(中核は所有関係)が形成される。この生産関係の変化は、さらにこれを維持するのに適切な法律、政治、文化、社会意識など(「上部構造」)を生む。すなわち、マルクスにおいては経済下部構造が上部構造を一方的に規定する。(森嶋：一〇二頁)

したがって、マルクスでは非経済領域に相対的な「自律性」が認められておらず、非経済とくに自律的領域としての文化現象の分析が欠如しているのである。

(2) シュンペーター――経済⇕非経済

シュンペーターが生涯をかけて目指したものは「総合的社会科学」の確立であり、資本主義文明の盛衰という長期的、歴史的ダイナミズムの分析が対象であった。そのための分析方法としてかれの「経済社会学」(Economic Sociology)が構想された。かれの「経済社会学」は『経済発展の理論』で示された、「革新者」としての「企業者」により遂行される「新結合」がもたらす旧秩序の破壊と、これに追随する「模倣者」の群生による新秩序の形成、すなわち、経済領域の自律性(均衡化傾向)を前提とした経済領域内部からの(内生説)均衡破壊のメカニズムである、「創造的破壊」のプロセスの経済領域における理論化を非経済の社会諸領域の分析へと応用することであった。

事実、第四章「シュンペーターの民主主義論」でも指摘したように、『資本主義・社会主義・民主主義』での政治領域の分析では、政治領域の自律性を前提とした政治領域内部からの政治的指導者による政治の自律的進化過程が分析の根底に据えられている。

また、『資本主義・社会主義・民主主義』における経済・政治・社会・文化などを含む全体社会の進化分析では、全体社会を自律的各社会領域間の相互依存体系ととらえ、壮大な一般均衡を想定する。資本主義においては経済領域が他の領域に比べ大きな作用を及ぼすが、他の領域に備わっている「相対的自律性」(eine relative Autonomie)により各領域は経済により一方的に規定されることはなく、経済からの作用に「受動的に適応」し、時には「創造的に反応」することが可能とされる。そして、数世紀にわたる長期の各領域間の相互作用を経て、資本主義文明は社会主義と呼ぶかどうかは好みの問題とした別の文明へと進化してゆくと述べるが、この場合の資本主義の内在的進化（文明進化の内生説）のメカニズムは「経済発展の理論」で示された経済領域における「企業者」による「創造的破壊」の過程の資本主義全体社会への応用（「経済社会学」）と理解できる。資本主義の主導領域たる経済領域はこの場合、「企業者」により設立された「新企業」であり、市場の再編成という形の「創造的破壊」をもたらすが、資本主義における経済領域も、文明進化の原動力として、体制内部から、日々の各領域の相互作用を通じて、資本主義の「創造的破壊」を推進するのである。（尚、かれは、この場合の文明進化を、社会各領域間の、それぞれの変化への十分な適応・調整期間を踏まえた、均衡的発展として想定しており、これを資本主義進化の「正常な過程」と捉える。）

さて、前述のようにシュンペーターの学問的野心は「総合的社会科学」の完成にあった。その方法は社会各領域、および全体社会への「経済発展の理論」の応用分析を根幹にしたかれの「経済社会学」である。したがって、かれの関心、分析対象は「上部構造」としての非経済のあらゆる領域にわたっており、上記の政治・資本主義文明以外にも、科学の領域、各時代を支配する時代精神（人々の心的傾向）の領域などについては、ある程度まとまった分析が彼の著作から読み取ることができる。

とくに、後に述べるように、かれの資本主義進化論における時代精神（人々の心的傾向の体系）の経済領域の作用による変容は、その変化の速度が安全の範囲を超えた場合には、経済と非経済諸領域との調和的進化に重大な齟齬を生む。そして、その結果として生じる、反資本主義的機運（反資本主義的時代精神）の急激な興隆がもたらす反資本主義的政策および労働運動の高まりは、経済システムの運行に支障をきたすこととなる。それゆえ、健全な資本主義進化にとって時代精神の変容の有り様はその生殺与奪を握っていることになり、シュンペーターの資本主義進化論における論理展開上枢要な位置を占めているのである。

(3) ブルデュー——経済⇕非経済

文化的再生産論と一般的に呼ばれるブルデューの「文化の社会学」では文化を通しての社会の秩序化、階層化のメカニズムが解明されている。とくに、それは人々の社会的行為を経済的側面と象徴的、文化的側面の両面から把握する。すなわち、物的価値と精神的価値（権威、名誉、信仰などの象徴的価値）はそれぞれ固有の論理を持ち、かつ相互に作用し文化の再生産を行うのである。

ブルデュー社会学では文化を通じた社会の再生産に分析の焦点があるが、社会各領域に「相対的自律性」が想定され、それらの相互作用や各領域における競争（闘争）の問題、ハビトゥス（habitus）——人々の心的傾向の体系——の分析等、シュンペーターもかれの歴史動学で重要な位置付けで分析対象とした多くの共通点がある。ハビトゥスの形成メカニズムの解明はシュンペーターとは別の切り口から進められ、かつ、社会科学認識論上の革新とまで評価されている。

そこで本章の前半では、ブルデュー社会学の概要を吟味し、現状ではかれの体系は「静学」の域を脱しておらず、さらなる拡充の可能性について指摘した。つぎに、後半ではこれを踏まえ、シュンペーターの「歴史動学」における最大の特徴である文明の「内在的進化」の重要性を論じ、シュムペーターの「歴史動学」のなかにブルデューの成果を包摂して、これを拡充する可能性を示唆することにより、今後の社会科学の発展についての方向性を探った。

2　ブルデュー社会学

(1) ブルデュー社会学の概要

ブルデューの文化的再生産論における社会理論の構造の概要を略述するために主として『ディスタンクシオン（Distinction）』（石井洋二郎訳）で用いられた社会構造の分析的枠組みといくつかの重要な基本概念について触れてみよう。

ディスタンクシオンとは他と自己を「区別すること」であり、それにより自己を「卓越化すること」である。そして、これは個人行為にとどまらず、従来から存続している階級構造を再生産する、目に見えないメカニズムとしてあらゆる日常生活の場面で作用しつづけているとかれは考える。

「ブルデューは本書において、音楽・絵画・写真・スポーツなどのいわゆる趣味をはじめとして、政治のような社会的実践から、料理や服装、しゃべりかたや立ち居振舞いなどの日常的活動にいたるまで、広義の「文化」を構成するありとあらゆる慣習行動を対象としてとりあげ、それらを暗黙のうちにヒエラルキー化してゆく分類図式の根底にある種々の性向の体系、すなわち階級の「ハビトゥス」を抽出しながら、各集団に特有の生活様式が織りなす差異の体系としての社会空間を描きだす一方、この空間を構成する多様な「場」において自らの正統性を他者に押しつけるべく繰り広げられてゆく階級間の、あるいは階級内集団間のダイナミックな象徴闘争の実態を、膨大な統計資料を駆使しながら克明に、かつ綿密に分析・解明してみせる。」(『ディスタンクシオン』の訳者による「内容紹介」)

(1) 社会空間の構造　ブルデューによれば「社会空間」とは互いに明確に異なりながら共存している複数の社会的位置の集合である。それぞれの社会的位置を占める諸集団はお互いに相手の外部にあり、たがいに「他との位置の関係において」、たとえば、上流階級、中間階級、庶民階級などのように存在している。

つまり、異なる社会的位置の集合として社会空間を構成する場合、ディスタンクシオン(差異、隔たり、弁別的特徴)という他との違い、すなわち、「関係的特性」によってこれを捉えるということである。(ブルデュー：1990,p.69)

つぎに社会空間は行為者たちや諸集団が、二つの差異化の原理にしたがってそこに配置されるような仕方で構築される。二つの差異化原理とは、「経済資本」と「文化資本」である。

社会的位置空間 (『ディスタンクシオン』邦訳、第Ｉ分冊 pp. 192-93 より作成)

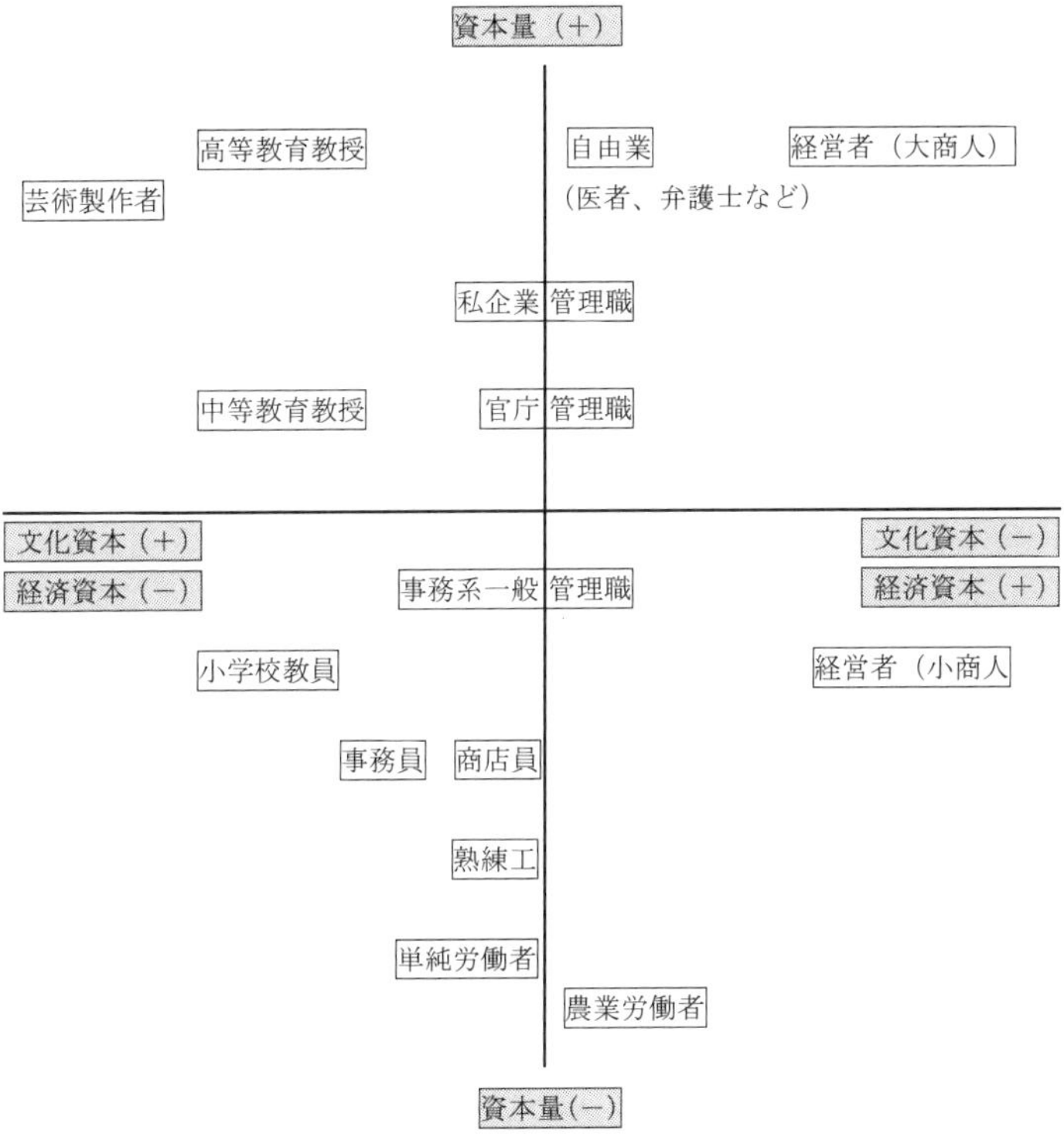

ここで「文化資本」(capital culturel) とは広義の文化に関わる有形・無形の所有物の総体であり、三種類に分けられる。(1) 身体化された文化資本——家庭環境、学校教育により人々の中に形成された知識、教養、技能、趣味、感性など。(2) 客体化された文化資本——絵画、書物、道具、機械のように、物資として所有できる文化的財物。(3) 制度化された文化資本——学歴や資格など。

さて、前頁の図が示しているように、ブルデューによる社会空間では、行為者たちは第一次元(縦軸)において、各人が経済資本と文化資本という、異なった形態で所有している資本の総量の大小によって位置付けられ、第二次元(横軸)においては、その資本の構造、すなわち資本の全体量のなかで経済資本と文化資本それぞれが占める比重にしたがって各人は分布している。より具体的にいえば、第一次元では、経営者、自由業(医者、弁護士など)の人々、大学教授、芸術製作者など、総体として大きな資本量を所有している人々は、何も資格をもたない肉体労働者のように経済資本も文化資本も貧しい人々に、全体として対立している。しかし、第二次元(横軸)で示した彼らの資産構造における経済資本と文化資本との相対的な比重から見れば、経営者、自由業従事者と大学教授などとは別次元において、明確な対立を示している。

さらに、社会的位置の空間は、種々の性向(ハビトゥス)の空間を媒介として、立場決定(たとえば料理やスポーツ、音楽や政治など、慣習行動の多様な領域において、社会行為者によって行われる「選択」)の空間のうちに具体化して現われる。つまり、社会的位置の集合の一つひとつに対して、それらの各集合に対応する「存在状態」(condition) に結びついた社会的条件付けの産物であるハビトゥスは、互いにスタイルの類縁性によって結びつけられている財や特性の体系的な集合を、それぞれに対応させるのである。

ブルデューによれば「ハビトゥスとは、ある位置にそなわった内在的な特徴や関係的な特徴を、統一的な生活様式＝ライフスタイルとして、つまり人間や財や慣習行動に関する一連の選択の統一的な全体として具体化する、あの生成・統一原理なのです。」(ブルデュー：1990,p.72)

各々のハビトゥスはそれらが生じるそれぞれの社会的位置と同様に差異化されている。しかし、同時にそれらは差異化作用をも持っている。つまり、ハビトゥスは「構造化された構造」であり、それぞれが明確に異なるとともにそれら自体が弁別的なさまざまな慣習行動の生成原理であるので、たとえば、労働者の消費行動、政治行動などと工場経営者にみられる消費行動、政治行動などの差異を説明する。しかし、同時にハビトゥスは「構造化する構造」でもある。すなわち、それぞれが異なった分類図式であり、類別原理であり、物の見方や分割の仕方の原理であり、趣味でもあって、各々がたがいに異なった「差異」を作り出すのである。

すなわち、「ハビトゥスとはじっさい、客観的に分類可能な慣習行動の生成原理であると同時に、これらの慣習行動の分類システム(分割原理)でもある。」(Bourdieu：1979, 邦訳Ⅰ二六一頁)

ここで重要なのは、彼によると、ハビトゥスによるものの見方・分割の仕方の原理を通して、慣習行動や所有されている財、意見などにおける差異が、「象徴的差異」となって、多くの「象

徴体系」を構成する差異として機能するということである。（ブルデュー：1990,pp73-4）

このようにして、社会的行為者が社会空間においてしめている位置、すなわち異なった種類の資本の配分構造においてその行為者が占めている位置が、この空間についての表現や、この空間を保守または変革するための「象徴空間」における「象徴闘争」においてその行為者が行う立場決定を、支配しているのである。（*Ibid*.,1990,p.80）

（2）場の力学　ブルデューは社会の諸領域を「場」（champ）と呼び、とくに文化生産の場（芸術の場、科学の場など）について詳述している。文化生産の場はその場に固有の歴史の産物であり、「一つの自律的世界として現われてくる。……この世界は個人の意志を越えて固有の法則をもっており」、（Bourdieu：1979, 邦訳Ⅰ三四九頁）さまざまな問題、指導的人物の名前により表わされる知的指標、さまざまなイズムという形の概念などからなる一定の「圏域」をあらわしている。この場では「名声、評判、威信、名誉、栄光、権威など、公認の権力としての象徴権力をかたちづくるすべてのものを獲得目標とする闘争」（*Ibid*.,1979, 邦訳Ⅰ三八八頁）が行われる。この象徴闘争は「正統性」をめぐる闘争である。すなわち、

「しかし、とりわけ象徴闘争の場となるのは、支配階級そのものである。正統的文化の定義をめぐって知識人と芸術家を対立させる闘争は、支配階級のさまざまな集団が社会闘争の正統的な闘争目標と戦闘手段の定義を相手に押しつけようとしてたがいに対決する闘争の、一側面にすぎない。あるいは正統的な支配の原理の定義をめぐる闘争の、と言ってもよいだろう。」（*Ibid*.,1979,

邦訳Ⅰ三九二頁）

また、これらの場は、その歴史的固有性のゆえに、「ある時代の芸術生産者たちは一定の場所に位置づけられると同時に一定の日付を与えられるのであり、……経済的・社会的環境の直接的決定力にたいして相対的に自律性をもつ」のである。（Bourdieu：1990,p.135）

（3）場の変化　文化の場における変化の問題についてのかれの見解は、言語、芸術、文学、科学などの文化的作品が変化する原動力は、対応する生産の場を舞台とする闘争のうちにあり、「正統と異端という対立」の形をとるというものである。つまり、文化的生産の場の内部で生起するさまざまな変化は「場」の構造そのものから出てくる。すなわち、「承認という特定資本の配分構造における位置をめぐって、たがいに敵対するもろもろの位置同士の共時的な対立関係から、そうした変化は出てくる。この（承認という特定資本の配分構造における）位置は年齢と密接な相関関係を持っているので、（象徴的な意味での）支配者と被支配者、正統と異端といった対立は、年長者に対する若者の、古参者に対する新参者の、いわば永久革命という形をとる傾向がある。」（*Ibid*.,1990,p.157）

ただし、かれはそれぞれの文化生産の場における闘争による変化にもかかわらず、全体としての社会体制は、再生産のメカニズムによって、「社会構造が（大きな、または小さな変化を蒙ることはあっても）永続化するように働く」と述べる。（*Ibid*.,1990,p.84）

（4）場の変化と社会の変動　上記のように、ブルデューの文化的再生産論においては、行為者がある階級なり、社会的位置環境によって、その性向が条件付けられ、それぞれの場における闘争による変化にもかかわらず、特定の階級が再生産される。すなわち、基本的に体制としての社会構造は永続化するように作用するのであり、体制としての社会構造の変動（進化）の分析が充分ではないといわざるを得ない。[9]（宮島：一九九四、四四頁、一〇三頁）

しかし、のちに述べるように、再生産メカニズムの解明こそが、ブルデューによる再生産論の当面の主目的であり、現時点では残念ながら、そこに留まっているといわざるを得ない。なぜならば、シュンペーターの歴史動学の構造をみると、彼はまず経済領域において変動（発展）を説明するための前提として、経済市場に固有な秩序化（均衡化）のメカニズム、すなわち、市場の再生産メカニズムをワルラスの「一般均衡論」を土台として解明し、その上に「革新」による均衡破壊のメカニズムを統合し「経済発展の理論」を構築した。この場合、均衡論は静学であり、「発展の理論」は動学である。そして、この「発展の理論」を社会各領域および全体社会としての資本主義文明の分析に応用したのである。重要なことは、「重力を説明するには無重力を説明することが前提となるの」と同様に社会についての歴史動学を構築するにはその前提として、まず、社会分析の「静学」を確立する必要があると思われるからである。したがって、ブルデュー体系の現状は「静学」であると考えられ、「動学」へ向けての発展可能性が期待される。

(2) 社会空間および場の理論の一般的特徴

以上のブルデューにおける社会理論の概略から述べうる一般的特徴は以下の通りである。

（1）社会的位置の空間は種々のハビトゥスを形成し、このハビトゥスを媒介として立場決定の空間のうちに具体化する。

（2）社会各領域における場は、その場に固有の歴史の産物であり、それぞれが「自律性」を持つ。

（3）それぞれの場における行為者たちにとっては、それらの場に固有の歴史によって生成された既存の状態および固有の法則は、彼らの意志を超えた客観的与件である。

（4）場の構造は、その場に固有の問題群と結びついた、異なる利害関係にある諸個人および諸集団の共存によって示される。

（5）場の変化は、異なる立場の諸集団間の正統性をめぐる象徴闘争により生じる。

（6）それぞれの場は、各々に固有な歴史によって形成された価値基準とそれにもとづく固有の論理によって、相互に影響しあいながらも「相対的自律性」を持つ。

（7）文化の再生産メカニズムは、諸階級、諸集団間の象徴闘争による変化にもかかわらず、社会構造を永続化するように働く。

(3) ハビトゥス――社会科学認識における意義

ブルデューによるハビトゥスの代表的な定義とは「恒久的な移転可能な心的性向の体系であり、構造化を行う構造として、すなわち慣習行動と表現の産出・組織の原理として機能する傾向を持った構造化された構造である」。(Bourdieu : 1980,p.88, 邦訳Ⅰ八三頁)

この概念のブルデューによるねらいは、社会科学的認識方法における個人主義的主観主義と構造主義的な客観主義との対立・二者択一を乗り越えることにある。すなわち、かれによると、ある人間が社会空間において占めている位置(各資本の配分構造において占める位置)が、その人の性向(disposition)をそれに応じて形成し、同様の性向をもつ特定の集団の規範システムとしてのハビトゥスを形成するが、この形成されたハビトゥスが、この空間における象徴闘争のその人および集団の立場決定を支配している。換言すると、社会空間における位置(客観的構造)が個人的性向(主観的構築)およびハビトゥス(主観的構造となった客観的構造)を形成するが、同時に、このハビトゥスが構造化の原理として作用する客観的構造であり、社会空間を再生産するのである。(Bourdieu : 1990,p.177)

また、彼は別の表現を用いて、ハビトゥスの概念を通して既存の社会科学アプローチへの提案を行う。「それは身体と化した歴史としてのハビトゥスを通して、いわば歴史が歴史それ自身とコミュニケートするのだという考えです。身体と化した歴史が、真の存在論的共犯関係の中で、物象化した歴史、モノ化した歴史とコミュニケートするのです。」

従来、西欧的社会科学においては、個人と社会という二項対立の関係のもとに社会を分析するが、これは社会の現実的分析にとって大きな障害となっている。なぜならこうした二項対立関係は、「社会がじつは二つの側面において存在しているのだという事実をみえなくしてしまうからです。すなわち、一方には制度や図表、書物などの形で存在するモノ化した社会があり、他方にはハビトゥスという形で存在する身体化された社会がある、という二面性です。」したがって、ハビトゥスなどの概念は「私たちがいわば身体から身体へ、意識の手前で、無媒介的に社会世界とコミュニケートしているのだということに注意を向けさせるために、用いられている」と彼は述べる。(*Ibid*.,1990,pp.177-78)

のちに詳述するが、社会が「身体化された社会(ハビトゥス)」と「モノ化された社会」との相互交渉により再生産されるとのブルデューの考えは、シュンペーターの考え、すなわち、資本主義文明が経済と非経済との相互交渉の中で反資本主義的な「社会心理学的上部構造」を形成し、歴史的長期において、他の文明へと進化するとの考えに近い。とくに、ブルデューによって解明強調されたハビトゥスにあたる、人々によって意識されない心的性向の体系が重要な役割を果たす点において、きわめて共通する部分があり、そうであるとすれば、シュンペーターは、ブルデューのハビトゥス論の実質的内容を先取りしていたことになると思われる。

3　シュンペーターの歴史動学

シュンペーターは経済領域と非経済領域との相互交渉を通じた資本主義の進化過程を分析したのであるが、ここでは㈠ブルデューの静学体系に対してシュンペーターの歴史動学における著しい特徴である文明の「内在的進化」のメカニズムとは何か、㈡彼が資本主義進化論における主要な論旨において、「人びとの心的傾向の体系」にいかに重要な役割を与えていたか、㈢ブルデューのいうハビトゥス概念の先駆的貢献として、ハビトゥスにどれほど近い概念であったかを主として検証する観点からシュンペーターの資本主義論を評価する。

(1) 資本主義分析のヴィジョンの構造（文明の内在的進化）——事物と精神の相互交渉

シュンペーターによれば、「資本主義過程は社会主義のための事物と精神を形づくる」、あるいは、「基本的には、事物も精神もともに自動的に社会主義へ向かって形成されていく。すなわち、それは、だれの意志とも無関係に、またそのような効果をもたらそうとしてなされるいかなる手段とも無関係に、形成されていくであろう。しかし注目すべきことには、その過程はまた一方ではかような意志を生み出し、したがってまた、かような——立法的、行政的、その他の——手段を生み出していくものである。」(1942,p.220, 邦訳四〇七頁、傍点筆者)

より具体的には、『資本主義・社会主義・民主主義』の第二部「資本主義は生き延びうるか」におけるシュンペーターの議論の論旨についていてかれは以下のように述べる。「経済過程にはそれ自らを――そして人間の精神をも――社会化せしめる傾向が存在するというマルクスの命題にこれを要約することができよう。その意味するところは、社会主義の技術的・組織的・商業的・行政的・心理的前提条件が一歩一歩満たされていく傾きがあるということにほかならない。」(*Ibid*.,p.220, 邦訳四〇五頁、傍点筆者)

すなわち、のちに述べるように、シュンペーターにおける資本主義文明の構造は「物」と「心」から構成され、経済領域と非経済領域との「心」(心的傾向の体系)を仲立ちとした相互交渉の内に、資本主義の内部から、経済領域を主動因として次の文明の諸条件を準備する(体制の「内在的進化」)という点にその第一の特徴がある。

(1) 文明としての資本主義　シュンペーターによる資本主義とは、市場における消費者や、生産者の行動などを単に意味するものではなく「それは、価値図式、生活態度、一つの文明を意味する――しかり、不平等と家族財産との文明、これである。」(*Ibid*.,p.419, 邦訳七九六頁、傍点筆者)

要するに、シュンペーターによる資本主義像は、経済システムの他に、私有財産制、自由契約制、私的銀行制度などの経済制度とならんで、価値観、態度、生活様式など(心的傾向の体系)

の広義の社会制度を含んだ一つの文明である。その意味するところは、この文明から他の文明への変容（歴史的ダイナミズム）を問題とする場合、空間的、機能的に捉えられた歴史的個体としての全体社会（政治、経済、社会、文化などのサブシステムの総体システム）における歴史的な、ある一時点の特徴を把握し、さらに、歴史の進行とともに各サブシステムの個々の変化、さらに、個々のサブシステムの相互作用を通じた内在的変化のメカニズムの分析が必要となるからである。

上記の方法的視点から、シュンペーターは資本主義の理想型を、かれが「無傷な資本主義」（Intact capitalism）と呼ぶ産業革命期の英国における歴史的事実からの抽象にもとめた。この時代には「企業者」の動機や誘因を満たすような莫大な所得による経済的「不平等」と「家族財産」（彼による家族財産とはロックフェラーやロスチャイルド家などのブルジョアジーの所有した莫大な私的富のことである）を容認する「社会的雰囲気」およびその不平等を保証する、「私有財産制度」などの法的な制度が存在していた。すなわち、「資本主義はそれ自身の条件の下で、換言すれば、その責任と誘因とを受け入れ、それに十分な行動の自由を与えるような社会的雰囲気（social atmosphere）の中でない限り、効率的に機能することを期待し得ない」（Schumpeter : 1943,p.121, 邦訳五五頁）

ここで注意すべきことは（1）資本主義は文明であって、英国ビクトリア朝時代にその理想型を求め、この歴史的一時点における資本主義社会の空間的、機能的構造の特徴を指摘していること。（2）理想的な「無傷な資本主義」では、経済システムの牽引役としての実業家階級の「責任」と「誘因」に自由を保証する、すなわち不平等と家族財産を容認する、心的傾向の体系としての「社会的雰囲気」（労働者階級もこの不平等を容認した）が存在した。（3）これらを保証する法的な枠組みが存在したことなどである。

（2）資本主義の内在的進化　第三章で詳述したように、シュンペーターの歴史進化のヴィジョンは、一つの社会体制あるいは文明がその生成・発展・衰退の過程において、その胎内につぎに来るべき体制の枠組みのための諸条件を徐々に形成していくというものであり、この社会制度の「内在的進化」のヴィジョンによって、かれは資本主義進化を考察した。さらに封建制度の盛衰についても同様のヴィジョンを用いて文明の「内在的進化」を論じている。

第二章で述べたように、文明としての資本主義の進化に内在する長期的な事物と精神の社会化傾向を、以下に示すように、シュンペーターは経済、社会、政治、文化の四つ領域に分けている。

第一は経済領域における傾向であり、「競争的資本主義」から「トラスト化された資本主義」への進展は、「革新」の担い手を個人から大企業へと移し、「革新」の自動化、日常化をもたらす。他方、所有と経営の分離を通じて、ブルジョアジーの経済的基礎（経済的不平等）が失われる。

第二は社会領域における傾向である。これは資本主義を支える経済的不平等の擁護制度としての「私有財産制度」と「契約の自由の制度」の形骸化傾向であって、その理由は、これらの制度の擁護階層である貴族階級、ブルジョアジー、農民層の衰退に求められる。

第三は政治領域の傾向であり、「民主化」を意味する。資本主義の経済的成功は、人口に大多数を占める「新中産階級」（サラリーマン階層）を生み出し、広範な階層へと選挙権（平等化への手段）を付与した。「知識人」に扇動されるかれらは、ブルジョアジーの不平等な富に敵対的であり、所得の平等化を求めて反資本主義的な「社会的雰囲気」が醸成される結果、反資本主義的な平等政策が推進される。

第四は文化領域の傾向である。資本主義は、経済活動のもつ合理的傾向を加速し、合理的なものの見方を浸透させた。これが「精神の合理化」傾向である。所有と経営の分離によるブルジョアジーの家族財産の実体の霧消は「ブルジョア的動因」を衰退させる。また「精神の合理化」過程は、他方において、大衆の功利的な価値図式、行動様式を生み出す。

以上のような各領域における諸傾向は、これらが完全に作用したならば、一方で、経済の中央管理の可能性と社会化された社会の物的条件をもたらし、他方、平等化社会にふさわしい精神的条件をもたらすのである。注意すべきは、これらの諸条件はいずれも資本主義がその内部から徐々に形成していく——体制の「内在的進化」——点である。すなわち、一つの文明がその上昇期を迎え、その文明の純粋類型を確立して絶頂期に達した段階（競争的資本主義）以降になって、その体制内部に、次に来るべき文明の基本的枠組みが徐々に形成されていくのである。

(2) 資本主義進化における「社会的雰囲気」(心的傾向の体系) の役割

シュンペーターは、論文「資本主義の不安定性」において、「資本主義は明らかに何らかの別なものへの転形の過程にある」と指摘して、資本主義転形に関する内在的進化のメカニズムの要旨を以下のように述べる。すなわち、「資本主義は経済的に安定し、安定性を増しつつさえあるが、人間の精神を合理化することによって、それ自身の基礎的な諸条件、諸動機、および社会制度と矛盾する心的性向(a mentality)と生活様式を創り出す。そして、経済的必要からではないが、おそらくは経済的福祉を幾分犠牲にしてさえ、社会主義と呼ぶか否かは単に好みや擁護上の問題にすぎないであろう一個の秩序(an order of things)へと変化させられるであろう。」(Schumpeter:1928,pp.385-86、傍点筆者)

ここで注意すべきは、資本主義における人々の経済活動が「人間の精神を合理化することによって」、理想型としての資本主義を支えてきた諸制度、すなわち——私有財産制、契約の自由性などの法的制度とそれを容認する「社会的雰囲気」(人びとの心的傾向の体系)——を徐々に変容させ、変容した「社会的雰囲気」が、前述の政治領域における「民主化」傾向とあいまって、政治の一大勢力としての「新中産階級」(非ブルジョア階級)に有利な平等化政策を徐々に進展させてきたという点である。

換言すると、理想型としての「競争的資本主義」における経済システムのタイプ(個人的企業者による「革新」が原動力)と、それに適合的な非経済の諸システム(擁護階級、法制度、人々の心的性向の体系＝「社会的雰囲気」）が存在し、総体的システムとしての資本主義は円滑に機能したのであるが、やがて、歴史的段階を経て「トラスト化された資本主義」になるとともに、経済システムは人々の日々の経済行動を通じて、心的傾向の体系である「社会的雰囲気」を徐々に変化させ、さらにこの変化した「社会的雰囲気」が「競争的資本主義」を支えた非経済の諸システムを徐々に変えていくということである。すなわち、

「競争的資本主義」――「不平等・家族財産」を容認する制度、社会的雰囲気

↓

経済システム→日々の経済行動→「精神の合理化」→「社会的雰囲気」の変容

↓

変容した「社会的雰囲気」→法制度などの非経済システムの変革

↓

「トラスト化された資本主義」――「平等・社会保障」を容認する制度、社会的雰囲気

↓

「社会化された社会」（ポスト資本主義）

右記のように、文明としての資本主義の全体社会システムは経済セクターを原動力としてそれ

自身も進化（＝「革新」の自動化と大企業化）するが、さらに経済と非経済との不断の相互作用のうちに、漸進的に人々の心的傾向の体系である「社会的雰囲気」を変え、それが資本主義を支える諸制度の変容をもたらす結果、大企業体制の中で「革新」が「自動機械化」し、その担い手もお雇いの、サラリーマン化した官僚タイプの経営者によって運営される経済システム（トラスト化された資本主義）とそれに適合した法的・社会的制度、価値観、生活様式が徐々に資本主義内部から準備されるのである。

したがって、シュンペーターの資本主義進化論においては「社会的雰囲気」（心的傾向の体系）がきわめて重要な役割を演じているといえる。

実際、シュンペーターは、マルクスの作業仮設としての経済史観を吟味する際に以下のごとく述べ、人々の心的傾向の体系（社会的雰囲気）の社会進化過程における意義についてのマルクスの洞察を評価している。すなわち、

「マルクスにとって価値や理念は……社会機構の中にあっては伝導体の役割を果たすものであった……このことを説明するのにもっともよいと思われるのは……「知識社会学」である……」（1942,p.11, 邦訳一七頁）

それでは、この「社会的雰囲気」の変化を引き起こす「精神の合理化」のメカニズムとはどのようなものであろうか。これについて、かれは『資本主義・社会主義・民主主義』で以下のように述べている。

(3) 精神の合理化――ハビトゥス形成のメカニズム

『資本主義・社会主義・民主主義』の第二部、第十一章「資本主義の文明」において、シュンペーターは「資本主義経済の文化的補足物(コンプレメント)――マルクス的用語を使いたければ、資本主義社会の社会心理学的上部構造ならびに、資本主義社会、とくにブルジョア階級を特徴づける心的状態(mentality)」(*Ibid.*,p.121, 邦訳二一一頁)を考察する。

まず、第一に、かれは人々に心的状態の形成過程についての基本的な命題を挙げる。「……われわれの命題……。すなわち、思考の「執行」機能や人間の心的構造は、少なくとも一部分は、それを生み育てた社会の構造によって規定されるということ」(*Ibid.*,p.122n., 邦訳二二〇頁注1)

つぎに、合理的思考や合理的行為は資本主義以前の社会にも見られ、経済領域の拡大とともに他の領域にも順次浸透してきたのであるが、その根源的理由はつぎのごとくである。

「合理的態度は、まず第一に経済的必要から人間の心に押しつけられたとみるべきものであろう。……われわれは、日々の経済的行為をつうじて合理的思考や合理的行為の初歩的訓練を受ける――、……すなわち、いっさいの論理は経済上の決定様式から引き出されること、あるいは私の好きな句を用いれば、経済様式は論理の母型であること、これである。」(*Ibid.*,p.122, 邦訳二二二頁)

そして、この合理的思考の浸透は、社会における経済領域の拡大とともに、封建制度を支援する諸制度や「集団的観念群」(心的傾向の体系)に対立する合理化した「集団的観念群」を生み出し、これが資本主義の新興ブルジョアジーの活動を促進する諸制度や資本主義的価値図式を支持する「集団的観念群」へと従来の枠組みを変えてきたと指摘する。すなわち、

「日々の生業の合理的分析やこれにおける合理的行為の習慣がいきわたった場合には、それは逆に集団的観念群（the mass of collective ideas）にも反射し、国王や法王、服従、十分の一税、財産といったものがなぜ存在せねばならないのか、というような疑問をつうじてこの観念群を批判し、ある程度はまたそれを『合理化』するにいたる。」（*Ibid*.,p.122, 邦訳二二一―二二二頁）

上記のように精神の合理化過程は封建社会の制度的枠組みの破壊を助長し、近代科学や合理主義的個人主義の精神を生み出し、勃興期の資本主義にとって有利な諸制度および「社会的雰囲気」を形成したのであるが、やがて、「トラスト化された資本主義」の段階になると、「われわれが継承した義務の観念は、その伝統的な基礎を剥奪されて、いまや、人間の改良という功利的（utilitarian）観念に集中されるにいたる。」（*Ibid*.,p.127, 邦訳二三一頁）

そして、資本主義における実業化階級の利益に対して敵対的な「社会的雰囲気」は前記のように一つの政治勢力として各種の平等化政策を推進するのである。

このように（1）「人間の心的構造」や「社会的雰囲気」（心的傾向の体系）は「少なくとも一部分はそれを産み育てた社会の構造によって規定」されるという点、（2）日々の経済行為による「精神の合理化」過程が（とくに資本主義時代にはより加速されて）「人間の心的構造」、「思考の『執行』機能」、「社会的雰囲気」（ハビトゥス）を形成するという点を踏まえ、同書において、

シュンペーターは人間の心的傾向やハビトゥスについてのかれの理論を総括する。すなわち、「なぜならば、人間は自由に選択するものではないからである。」……「経済的、社会的事物はそれ自身の動因によって動く。そしてその結果生ずる事態は、個人や集団をして、彼らの望むところがなんであるにもせよ、ある特定の仕方で行動せしめる、――それは実際には彼らの選択の自由を失わしめることによってではなく、その選択を行なう心的状態を形成し、選択しうる可能性の範囲を限定することによって行なわれる。」(*Ibid*.,p.129-30, 邦訳二三六頁、傍点筆者)

このようにシュンペーターは、心的傾向の体系について、ブルデューのハビトゥスとほぼ同義でこれを用いて、このハビトゥスの形成メカニズムを分析し、その理論的枠組みの上に資本主義文明の「内在的進化」を論じたのである。

さらに、かれは『経済分析の歴史』において、かれのいう「経済社会学」について、人々の心的傾向の体系のもつ分析的重要性とその意義について明言している。すなわち、

「経済分析は人々がある時にいかに行動するか、そしてまたかく行動することによってもたらす経済効果は何であるかという問題を取り扱い、経済社会学は人々をしてかような行動をとるに至らしめたものはなんであるかという問題を取り扱う。

もしわれわれが人間の行動を充分に広義に定義して、単に行為や動機や性向のみならず、その上にたとえば政府、財産相続、契約等々のごとく経済行動に関連のある社会制度をも包含するときには、上の句はわれわれの必要とするすべてを実際に伝えるものであろう。」(Schumpeter :

1954,p.21, 邦訳第一巻三八頁、傍点筆者)

以上のシュンペーターの叙述から看取されるように、かれは人々の行動についての心的傾向の分析の重要性を明確に意識している。さらに心的傾向の体系について、私有財産制や自由契約制などと並んで、「一般化され・典型化され・様式化された種類の経済史となっている社会的事実」(*Ibid.*,p.20, 邦訳三七頁、傍点筆者)と述べているが、これはブルデューのいう「身体化された歴史」ときわめて近い概念であると思われる。

注意すべきは、上記の分析枠組みは、シュンペーターに独自のものであり、社会科学史上、他に例を見ない試みであるとの自負を披瀝している。

「もちろんこの区別がわれわれ自身の目的のために作られるものであることは、注意されねばならぬ。このことは、この区別がわれわれの対面しつつある著者たちによって、なされていたことを意味しない。プディングの味の証明は食うことにある、論より証拠、実際にやって見なければ解らぬ。」(*Ibid.*,p.21, 邦訳三八頁)

従来のシュンペーター研究の主要な解釈では、かれのいう「経済社会学」はかれから研究が期待される未開拓のプログラムとしてシュンペーターがこれを指摘したとの理解が通説であった。しかし、これまで見てきたように、シュンペーターは彼自身の「経済社会学」をすでに構築し、これを資本主義文明の「内在的進化」という歴史動学へと応用しているのである。ここに、現在十分解明されているとは言いがたい、シュンペーターの社会科学体系およびかれの歴史動学の現代的意義があり、歴史静学としてのブルデューの文化社会学を内包して、現代社会科学への発展へと資する可能性をもつと期待しうる。

4　おわりに：シュンペーターの文化理論に即した今後の展開

最初に述べたように、二十一世紀は文化理論の時代であると思われる。本章において企図されたことはブルデューの文化社会学とシュンペーターの文化現象の分析を含むかれの歴史動学の比較検討である。その結果としていくつかの共通点とそれらのあいだの違いを指摘できよう。

まず第一に、ブルデューにおける社会空間および場の理論についての一般的特徴とシュムペーター体系における共通点が挙げられる。

（1）ブルデューの「場」はシュンペーターの「社会諸領域」に対応し、それぞれ「自律性」をもつ。

（2）「場」および「諸領域」は歴史的固有性を持ち、与件の制約下にある。

（3）「場」の構造は場に固有の問題群に利害関係をもつ諸個人あるいは諸集団の共存からなる。

（4）それぞれの「場」および「諸領域」はそれぞれに固有な価値基準と固有の論理をもち、相互に影響しあいながらも「相対的自律性」をもつ。

（5）「社会的位置の空間」および「社会構造」は個人の性向およびハビトゥス（心的傾向の体系）を形成し、ハビトゥス（「社会的雰囲気」）を媒介として体制内闘争（日々の競争行為）が生じる。

（6）「身体と化した歴史としてのハビトゥスを通してモノ化した歴史とコミュニケートする」というブルデューの方法論的観点とシュンペーターの「経済社会学」における「一般化・典型化・類型化された種類の経済史となっている社会的事実」（とくに心的傾向の体系）が歴史進化の「伝導体」として機能するという方法論的観点。

つぎに、ブルデュー社会学とシュンペーター歴史動学との違いについては以下のごとくである。

（1）ブルデューによるハビトゥス形成の詳細な分析はシュンペーターの分析の新たな拡充と見るべきものであり、シュンペーター体系の展開におおいに有益である。

（2）ブルデューの社会学は体制の再生産の分析に主眼があり、現状では静学であるが、これに対して、シュンペーターは歴史動学であり、社会諸領域の「内生的発展」および文明の「内在的進化」の観点がとくに今後の社会科学の発展とくに文化現象の分析に資するものと期待される。

第6章　シュンペーターの総合的社会科学と科学進化

——発展の一般理論の応用

1　問題の所在

シュンペーターはイノベーション（革新）を経済学に導入した人として、また、進化経済学の始祖の一人として、近年再評価されている。この事はかれの経済学やこれを土台とした資本主義論などの諸著作、すなわち、『理論経済学の本質と主要内容』（一九〇八）、『経済発展の理論』（一九一二）、『景気循環論』（一九三九）、『資本主義・社会主義・民主主義』（一九四二）などへの関心を高めた。

他方、シュンペーターは経済学の歴史についての諸著作、すなわち、『学説と方法史の諸時代』（一九一四）、『社会科学の過去と将来』（一九一五）、『経済分析の歴史』（一九五四）の著者としても高い評価を得てきた。ただし、これら二つの業績群についての関連については、彼の博覧強記がなせる技として、あまり問題にされてこなかった。

近時、これらの関連について独自の観点からの解明を試みたのが、塩野谷祐一の『シュンペーター的思考』（一九九五）である。かれはシュンペーターの全著作のうち、これを経済社会領域を分析した著作群と科学領域における経済学の発展の歴史を分析した学説史的著作群とに分け、前者の経済学を中心とした著作について、『本質と主要内容』を静学、『経済発展の理論』を動学、さらに『資本主義・社会主義・民主主義』を経済社会学という三層の構造をもつひとつの理論体系であると指摘した。その上でかれはこの三層構造をシュンペーターが経済学史を書く際に用いた科学発展の理論（メタ理論）として援用する。メタ理論は理論と区別される。この場合、経済学の諸理論は経済分析を目的とする実体的な理論であるが、この理論を評価分析する理論がメタ理論である。すなわち、『経済分析の歴史』をはじめとする著作は、科学の静態的構造とルールを解明する科学哲学、科学の動態的な変化を扱う科学史、さらに科学を社会的文脈の中でとらえる科学社会学の三層から構成され、それぞれシュンペーター経済学の静学、動学、経済社会学に対応する構造をもつものと解釈する。そして最後に、これらの文化的科学の世界の分析枠組みと経済社会についての分析枠組みはパラレルな関係をもつ全体社会についての壮大な体系を形成していると解釈して、塩野谷はこれをマルクスの史的唯物論に匹敵する「社会と精神への二構造アプローチ」と呼び、「総合的社会科学」の構想と名づけた[10]。

塩野谷はシュンペーターの業績の中に科学方法論（科学哲学）と科学社会学を見出して、これを明らかにし、さらに、このメタ理論によって、シュンペーターの全業績を内在的に再構築した。

シュンペーターの科学哲学は、塩野谷に従うと、広義の「道具主義」（instrumentalism）である。これは、理論は記述ではなく、有益な結果を導くための道具であり、それ自体は真でも偽でもないとする見解である。その際、理論の評価基準はその現実分析における「有用性」にある。これに対して、「実在主義」（realism）は科学の対象は実在し、理論はその記述であり、その真偽を問うことができると主張する。（塩野谷：一九九五、一〇七頁）

また、塩野谷によれば、現代の科学哲学は科学の静態的秩序を明らかにすることや科学の理念的な姿を規範的に描くことのみに専念し、科学の動態的な発展を対象にしていない。このことが科学哲学に対する批判を招き、科学哲学が科学社会学および科学史の視点を取り入れて共同して科学の領域の発展を分析するという主張をもたらしたのである。（塩野谷：一九九八、一〇九頁）

いいかえれば、科学哲学は単に理論を正当化する規範的な手続き的ルールのみを問題とするのではなく、実際の科学の歴史および実際の科学者の社会的な行動を問題としなくてはならないのである。論理実証主義の崩壊後、上述の批判とともに、カール・ポパーの反証主義、イムレ・ラカトシュの堅固な中核と防備帯、トマス・クーンのパラダイム、ファイヤー・アーベントの方法論的多元主義などが主張された。

このような科学哲学の現状を踏まえ、塩野谷は『経済分析の歴史』の序論において未完成ながらシュンペーターによって述べられている、知の基準としての「科学哲学」を広義の「道具主義」と位置づけ、さらに「科学社会学」のなかに、科学者の新しい「ヴィジョン」と社会集団としての「学派」のもつメカニズムが、経済領域における「革新」とこれに追随する模倣者の群れによって引き起こされる景気変動メカニズムとパラレルな現象として構想されていることを指摘した。（同書、一一〇頁）さらに、塩野谷によると、シュンペーターのメタ理論は現代の科学社会学者のように、科学哲学が問題とする、理論が受容される場合の基準やルールを否定するほど急進的なものではなく、科学哲学と科学社会学との共同を認めながら、かつ、科学哲学の論理を

も内包するものである。(同書、五七頁)

のちに述べるように、『経済分析の歴史』において、シュンペーターは経済理論の発展史を述べるにあたって、まず、「科学」について定義している。第一に、科学は経験的、実証的なルールに従う論理的分析であり、第二に、科学は専門的技術を用いる社会的集団によって担われる。第一の定義は科学哲学における知の基準の問題で、かれの立場は理論の有用性をその基準とする広義の「道具主義」である。第二の定義は、科学社会学における科学の動態的な変動、すなわち、科学の革新者とこれに追随する科学者の群れ(学派の形成)とその凋落を説明する視点を与える。

以上のように、塩野谷はシュンペーターの『経済分析の歴史』の序論で示された科学方法論を内在的に再構築し、これをシュンペーターの「メタ理論」として、現代の科学哲学の諸潮流のなかに位置づけた。

つぎに、近年、『経済分析の歴史』を改訳された、福岡正夫による以下のようなシュンペーターの方法論についての指摘があった。すなわち、「……本書(『経済分析の歴史』)のもっとも顕著な特徴は、それが政治経済学の理念の歴史や経済思想の歴史ではなく、科学としての経済分析の歴史であるという主張に見いだされる。そのような視点から経済学の歴史が書かれるためには、そこに分析の進歩発展を云々できる何らかの基準の存在が想定されなくてはならないはずである。……それは……言うまでもなく……、専門家集団のあいだに広く認められている基準の存否いかんによるのである。しかしわれわれは、(シュンペーターが述べたように)その時々の専門家集団のあいだで、ある判断基準が支配的であるからといって、果たしてそれを真に客観的な基準として受けとることができるであろうか。

シュンペーターは本書でこの点について、一方では「事実的研究と理論的研究とは相互間のやりとりをつうじて限りなく関連しあい、おのずから互いにテストを交え、新しい課題を与え合いつつ、結局は科学的モデルを作りだしてゆく」と述べており、その限りではポパー流の科学哲学に類する立場を標榜しているかに見えるが、他方ではまた……「科学における見地とか方法とかの大変化は、既存の科学的構造が持っている抵抗力のために最初は阻止延引させられ、やがては漸次的移行という形よりもむしろ革命という形で出現する」とも述べて、あたかもクーン流のパラダイム交替説を彷彿とさせるような主張にも言質を与えている。さらにそれに加え、当の事物そのものがそれを見る人の見方をすでに背負っているというハンソン流の考え方をも示唆するものであろう。これらのさまざまな見解が果たして相互に整合的なものたりうるかどうか、それらをどう関連づければ統合化、相対化されうるのか、こうした問題に対する著者自身の終局的な結論は、まことに遺憾ながら未完に終わったこの方法論的序論からは察知することができない。それはそっくりそのままが、なお読者に解決を要請している現代の課題に他ならないのである。」（福岡正夫：二〇〇六、八三九頁）

以上の福岡による指摘は、一見すると塩野谷流の解釈によって整合的に解決されうるものと思われがちであるが、この福岡の指摘は二〇〇六年に書かれたものであり、塩野谷解釈が公刊された後のものである。したがって、塩野谷解釈以外の理解の可能性を示唆したものと積極的に解釈できる。

本章の目的とするところは、シュンペーターによって書かれた、経済学を中心とした社会科学の歴史についての諸著作に共通する分析的フレームワークとは何かという問題に答えることである。さらに、この分析枠組みが『経済発展の理論』および『景気循環論』と同様のものであり、社会各領域の分析のみならず、資本主義の内在的な構造変化および封建制度の内在的進化の理論的枠組みとしてもシュンペーター体系構築の礎石として用いられているのではないかという問題に答えることである。この問題にこたえることは、塩野谷の科学についてのメタ理論（上部構造の理論）をその一部に含む、社会各領域（サブシステム）およびそれを部分として含んだ社会全体の静態的な構造と機能ならびにその動態的な内生的進化のメカニズムについてのフラクタル（相似的）な重層構造全体に一貫する共通の分析的枠組みを明らかにすることである。したがって、そのような解釈の試みは、塩野谷氏の二構造アプローチの一部としてのメタ理論をその部分とした全体社会の進化をも解明するものであり、塩野谷解釈とは異なった解釈を提示することを意味する。

さて、話を科学の領域にもどそう。前述のように、シュンペーターには実体的経済・社会についての経済学や社会学に関する業績のほかに、精神的・文化的領域についての業績がある。特に、経済学や社会科学の発展の歴史については、『学説と方法史の諸時代』（一九一四）、『社会科学の過去と将来』(一九一五)、『経済分析の歴史』(一九五四)が主要なものであった。このうち、『学説と方法史の諸時代』は経済学史の白眉として、つとに有名である。さらに、これを拡充した『経済分析の歴史』は一二〇〇ページを超える大作であり、出版されてから半世紀以上が過ぎたが、現在においてもこれを凌駕するものは出ていない。

塩野谷よると、『経済分析の歴史』の偉大さは「古代ギリシャ以来の二四〇〇年の西欧の経済と社会を背景として、経済的知の発展を一つの物語として描くという構想力ないしヴィジョンの卓越性に求められる。」(塩野谷:二〇〇四、一〇七―八頁)

また、『経済分析の歴史』の出版四〇周年に際して、その序文を書いたマーク・パールマンによると、同書の重要性は、経済学の発展についてのヴィジョンを与えたことである。このヴィジョンの解釈にはさまざまなものがあるが、パールマン自身の解釈によると、「私の意見では、シュンペーターが真に追求したヴィジョンは、神学的パラダイムに近いものであり、基本的な、不易の倫理的、社会的価値と、進化的経済の動態的作用とを統合するものであった。」(Perlman: 1994,p.xxxiv)

これに対して塩野谷は「シュンペーターの学史の方法は、一方で科学哲学という知の基準をふまえながら、他方で科学社会学によってとらえられる知のジグザグ活動の歴史を描いたものである」と述べる。(同書、一〇八頁)この見方は、のちに述べるように、われわれの解釈に近いものである。

周知のように、シュンペーターの『経済分析の歴史』に対しては経済学のみならず社会科学の歴史についての書物として「記念碑的業績」であるという評価が定着している。しかし、上に述べたように、出版後半世紀以上をこえた現在、『経済分析の歴史』を構想したシュンペーターの科学進化についてのヴィジョンや方法論についての評価は、いまだ定まってはいない。

さて、シュンペーターはその学問的活動の初期から晩年にいたるまで、生涯を通じて経済学および社会科学の歴史の研究に力を注いだ。われわれの解釈ではその学史研究のヴィジョンないしは分析的方法は終始一貫していると思われる。なぜならば、かれの描いた「総合的社会科学」の体系は、経済領域の発展についての理論（「経済発展の理論」）を用いて社会各領域を分析し、最終的にこれらを総合して社会全体の発展の分析に接近する試みであるからである。

かれは革新によって引き起こされる均衡破壊とこれに対する経済体系の適応過程を経済発展と呼んだが、この経済についての静態と動態との二分法を経済以外の社会領域にも応用している。彼が『経済発展の理論』の英語版の序文で述べている表現を挙げれば以下のごとくである。「私がこの区別（静態と動態との区別）に固執しているのは、これが私の現在の仕事にとって有益であることをたびたび見出しているからである。この区別が有益であることは、経済学の範囲を超えた場合にも明らかであった。文化進化の理論と呼びうるものは、重要な点において本書の経済理論と著しい類似性を持っており、上述の区別はこの理論の領域においても有益である。」（1934, p.xi）

また、『景気循環論』において、その第三章の「革新の理論」をのべた場所で以下のように述べる。「著者は、ここで説明された理論は、学問や芸術を含む社会生活の全領域の変化に当てはまるはるかに大きな理論を経済領域に適用した特殊のケースにすぎないと信じている。もっとも、ここでとどまって、それを論ずるわけにはいかないけれども。」(1939, vol.I, p.97n., 邦訳Ⅰ一四二頁、注)

以上のように、シュンペーターは『経済発展の理論』およびこれを拡充した『景気循環論』を用いて社会諸領域や全体社会を分析する、社会および文化の発展現象についての一般理論を構想しており、「経済発展の理論」の方がむしろ特殊のケースにすぎないのである。

この場合とくに重要な吉尾解釈における視点は、のちに述べるように、社会各領域を分析する「発展の理論」が社会全体の分析に応用される場合、サブシステムとしての各領域の構造、機能やその構造変化と全体システムとしての社会全体の構造、機能やその構造変化との関係が、複雑な全体を構成している部分のなかに全体の複雑性が再現されているという意味を示す「フラクタル」なものとして、シュンペーターによって構想されているとする見方である。すなわち、この部分と全体とのフラクタルな視点は、静態と動態の二分法というシュンペーター独自の視点が、社会各領域についてのみならず、全体社会へと応用され、資本主義の内在的進化や封建制度の内在的進化の分析として著されたとの解釈を可能とするからである。

さらに、このフラクタルな重層構造の認識は以下のより具体的なシュンペーターの独自性を解明する。すなわち、シュンペーターによる社会科学の領域の発展についての分析には、『経済発展の理論』（一九一二）で提起し、『景気循環論』（一九三九）で完成した社会および文化の発展現象についての「一般理論」が応用されている。とくに、この『景気循環論』における革新の一次派（本質的要素）とこれに誘発されて、人々の予想や投機などの社会心理的要因によって引き起こされる二次派（付随的要素）との峻別の観点が各領域の動態的進化や社会全体の長期的な進化の分析へと応用されることによって、たとえば、科学進化における本質的な要素（分析道具としての理論）と付随的要素（政治理念や経済思想）との峻別が可能となり、さらに三次接近における五十年周期のコンドラチェフ長期波動に対応する科学の長波を説明する。このことが論証されることになれば、塩野谷による科学哲学的な解釈によらないシュンペーター体系の解釈が可能となる。また第二章で指摘したように、社会全体の長期的な進化の分析へとこれが応用されると理解した場合、資本主義進化の経路における、本質的な要因が貫徹する正常な進化過程と付随的な「病理現象」によって誘発される一時的（数十年）な進化過程の停滞とが判別されるのであり、多くのシュンペーターの資本主義論についての理解に見られるように、資本主義はその発展途上に「革新」を阻害する反資本主義的な時代精神を生み出し、これを支持する諸勢力による反資本主義的諸政策により経済停滞に陥り、社会主義化するとの「失敗論」のほかに資本主義を構成する各領域による適応的、創造的な調整メカニズムの作用によって阻害要因を克服する、資本主義進化の「生理課程」をシュンペーターが本旨としたとするもう一つの理解が可能となるのである。

（吉尾：二〇一一a）

以上のように、本章ではこれらの問題のうち科学領域の進化の問題に焦点を絞って論じるが、問題の性質上ここに全体の問題との関連をその都度指摘したうえで論じてゆく。そこで本章では先ず第一に、シュンペーターによる発展の一般理論を解明し、つぎに、この一般理論を経済領域において理論化した「経済発展の理論」（特に、『景気循環論』）の特徴を述べ、最後に、かれが学説史を書く際の理論的フレームワークとして、発展の一般理論をどのように応用しているかについて、かれの学史の諸著作を取り上げて論述してゆくこととする。このことが整合的に述べられたならば、本章で取り上げる科学進化についての塩野谷やパールマンとは異なった解釈、すなわち、シュンペーター体系についての異なった解釈が成立するということを意味するのである。

2　発展の一般理論の構想と経済社会学の方法

シュンペーターによる社会各領域の発展とこれらを総合した社会全体の発展についての構想を知るためには、『経済発展の理論』の初版の第七章「国民経済の全体像」を見ることが重要である。この章でかれは同書で展開された経済領域についての発展の理論を社会の他の諸領域へと類比的に適用する分析的枠組みを示し、その上で、各領域の間の相互作用を通じた社会全体の発展を述べている。この「経済発展の理論」を社会各領域や全体的な社会へと類比的に適用する分析方法を、われわれは「経済社会学」(Economic Sociology)の方法と解釈する。すなわち、経済領域を取り巻く、制度的与件としての非経済領域を「経済発展の理論」を応用して分析し、さらに、経済を含む社会全体の発展をも「発展の理論」で示された内生的進化の理論で類比的に分析するからである。以上を踏まえ、以下にシュンペーターによる社会科学認識の枠組みとして、(1)経済の自律性、(2)社会各領域の相対的自律性、(3)経済の自律的発展と社会各領域の自律的発展、(4)全体としての社会の発展について述べる。

(1) 経済の自律性

経済学が独立の科学として成立する条件は、経済学の研究対象となる領域が、混沌とした総体的な社会現象の中にひとつの秩序ないしは自律性をもつ領域として認識されなくてはならない。これについてシュンペーターは『経済発展の理論』の冒頭で以下のように述べる。

「社会現象はひとつの統一的な現象である。その大きな流れから経済的事実を無理やりに取り出すのは、研究者の秩序を立てる腕(die ordnende Hand)である」(1926, S.1, 邦訳一頁)。

ここで重要なことは、研究者によって研究対象が秩序化されるという点にある。これは方法論的に見て重要な見方である。すなわち、ある特定の科学が成立するための条件は、その対象としての研究領域が秩序を持つと認識されることである。この場合、研究対象領域が現実的に、あるいは実体的に秩序を持っていて、この秩序を研究者が実体として認識するのではなく、あくまでも、研究者の側が主観的に秩序を形成するようにするように現実を解釈するのである。

このような見方に立って、シュンペーターは経済の領域における自律的秩序の認識が、経済学の歴史の上で、経済循環の発見として先ず最初にケネーの『経済表』によってなされ、最終的にレオン・ワルラスにより一般均衡論として確立されたとのべる。ワルラスによる経済諸量の相互依存関係についての論理的自足性の証明をシュンペーターは高く評価して以下のように述べる。「このことの証明は経済理論の対象が混沌ではなくて秩序であるということを確証することによって、独立の学問としての経済理論のマグナ・カルタである。」(1939, vol.I, p.41, 邦訳I五八頁)

上述のように、経済領域についての秩序は市場の静学分析として表現される。新古典派の静学分析は、貯蓄、人口、技術、などの与件を一定とした場合に、家計や企業の合理的経済行動が市場における財や生産要素の均衡価格と均衡数量を決定することを通じて、最適な資源配分を達成する。シュンペーターはこれを経済静学の方法と呼んだ。

(2) 社会各領域の相対的自律性

シュンペーターは経済領域における自律性の認識として経済静学を評価したが、その他の社会領域の認識についてはどのように考えていたのだろうか。

かれは経済領域や他の社会領域が相互に区別される根拠として以下のように述べる。「われわれが区別する諸領域に対して、現実にもまた一般的にも、相互に異なった人間集団が対応している」（1912, S.537, 邦訳三九一頁）あるいは、「その領域を自己の主たる活動の場とする人々がいる。」（*Ibid.*, S.536, 邦訳三九〇頁）

すなわち、各領域には労働者や商人や芸術家や政治家などのようにそれぞれの職業集団が対応しており相互に区別される。

社会の各領域には、それらの領域において固有の価値基準が存在しており、その基準にもとづくひとびとの合理的行動の結果、各領域に固有な秩序化の論理が機能することになる。また、ひとりの個人の重複した領域においての区別については、各領域に固有な価値基準にもとづく行動様式の違いにより判別される。「ひとりの商人の帳場での行動と、同じ商人の美術狂としての行動とが、それほどの困難なしに概念的に区別されることは明らかである。」（*Ibid.*, S.537, 邦訳三九一―二頁）

この場合、シュンペーターが想定した社会諸領域とは、「たとえば、政治、芸術、科学、社交生活、道徳観などの領域である。」（*Ibid.*, S.536, 邦訳三九〇頁）

さて、かれによる社会領域の区別を踏まえて、つぎに、かれはこれらの領域の秩序を経済静学とのアナロジーを用いて分析するという試みを論じている。

「われわれの論じたいアナロジーは次の点である。社会生活のあらゆる領域は、任意の時点において一定の与件の影響下に置かれており、静態的考察法によって、与件が任意の時点における経済の状態を決定するのと類似している。この認識こそは、人間事象の科学的把握にとって曙光

を意味するものであった。」(*Ibid.*, SS.537-38, 邦訳三九二頁)

また、かれは『経済発展の理論』の第二章において、「われわれは……経済活動の世界が一つの相対的自律性をもつということを確定することができる」(*Ibid.*, S.90, 邦訳一六四頁)と述べる。この表現からわれわれはシュンペーターが経済領域のみならず他の社会領域にも「相対的自律性」が備わっているという認識をもっているということを知ることができるのである。

(3) 経済の自律的発展と社会各領域の自律的発展

上に述べたように、経済がそれに固有の秩序化の機能を持つということ、すなわち、外的な与件の変化に対して適応的な均衡化メカニズムを通じて秩序を達成するということのみでは、この領域に固有の自律性は証明できても、自律的な発展は説明できない。経済領域の均衡をその内部から破壊するメカニズムの解明が必要とされるのである。これがシュンペーターによって『経済発展の理論』として確立された発展の図式である。ここでは経済静態において想定されていた、与件の変化に受動的に適応する人間類型に加えて、与件の変化に創造的に反応する「企業者」が登場し、この企業者が銀行による信用創造を通じて生産手段を調達し、「革新」を遂行する。定常的な経済はその内部から破壊されるのである。革新の形態は五種類であって、新商品、新生産方法、新市場、新供給源、新組織である。この革新は景気の循環的波動を引き起こす。

シュンペーターは『経済発展の理論』で確立した発展の一般的図式をアナロジカルに社会の各

領域へと適用した。

「われわれがさしあたり経済の領域について述べたことと他の社会生活領域における事象との間には、さらにもう一つのアナロジーが存在する。それは発展のメカニズム、すなわち社会生活のどの領域にも特有である、相対的に独立的な発展のメカニズムに関するものである。」(*Ibid*., S.542, 邦訳三九六頁)

さらに人間類型についても経済領域における「単なる経営管理者」と「企業者」の類比を指摘しているが、この場合企業者はかれによる発展の一般図式における指導者と追随者との区別の経済領域における特殊ケースにすぎないのである。

「各領域には、静態的資質を持つ個人と指導者とが存在する。前者の特徴は、本質的にはかれらが修得したことを行うということ、かれらが伝承的枠組みの中で動き、その考え方、性向、行為に関しては、かれらの所属領域の与件の影響下に置かれているということである。後者の特徴は、かれらが新しいものを見出し、自己の伝承的枠組みと自己の領域の与件を変更するということである。……いたるところで、この両タイプは、明確な線によって分けられる。この線は、新しい芸術傾向、新しい「学派」、新しい政党を創造する人物と、さまざまな芸術傾向、「学派」、政党により創造されるひとびとの群れとを区別している。」(*Ibid*., SS.542-43, 邦訳三九七頁)

以上のように、シュンペーターは静態的考察法と発展のメカニズムとを社会の各領域の分析へとアナロジカルに適用したのである。

（4）全体としての社会の発展

それでは、シュンペーターは社会全体についての学問的認識をどのように行ったのであろうか。かれは『経済発展の理論』における初版の七章「国民経済の全体像」の最後の箇所で次のように問題を提起する。

「すべての個々の領域にこのような相対的独立性があるにもかかわらず、任意の時点における任意の領域の任意の要素が、任意の他の領域の任意の要素との間にある関係を持つという一大真理、すなわち、あらゆる領域のあらゆる状態が相互に規定しあい相互に従属するという一大真理が存在するのはなぜか。これらの諸領域の総体を一国の社会的文化と呼び、その発展の総体を社会的文化発展と呼ぶならば、われわれは次のように問うことができる。任意の時点における一国の社会的文化が一つの統一体であり、任意の国民の社会的文化発展がつねにひとつの統一的傾向をもつということは、われわれの考察法にしたがえば、どのように説明されるであろうか。」(*Ibid.*, SS.545-546, 邦訳四〇〇頁)。

シュンペーターは一国の社会的文化が「有機的統一体」であると考えている。この有機体としての一国モデルでは社会各領域がそれぞれひとつのサブシステムとして存在し、かつ相互に関連しあっている。このような社会全体システムを分析するために、かれはそれまで個々の社会各領域に適用してきた静態的考察法と発展の考察法を一国モデルに適用する。

まず、一国の社会的文化を静態的考察法で分析する。すなわち、一国内のサブシステム間の関係を、「一般的相互依存」の関係と捉え以下のように述べる。

「任意の領域を他の領域の結果として把握する理解に代わって、社会生活の総合状態を、それに先行する時点における総合状態の結果として把握する理解が登場してくる。……しかしそれでは発展の理論は立場を失うことになる。つまり、ある状態から他の状態への移行は、静態的ルールにのっとってのみ生じるからである……」（*Ibid*., S.541, 邦訳三九五―六頁）

このようにして、一国の文化が壮大な一般均衡を達成するのであるが、かれはこの考察法を「文化水準の静態的統一性」の認識（*Ibid*., S.546, 邦訳四〇一頁）と呼んだ。

つぎに、かれは発展の理論を一国モデルに適用する。ここではそれぞれのサブシステムにおいて革新が起こり、相互に影響し合う状態が想定される。この場合、それぞれの影響は成功した「指導者」の地位の上昇を通じて社会機構を変化させ、さらに、社会的に望ましいと考えられる社会的価値を変えることを通じて行われる。すなわち、「こうして、任意の社会活動分野における業績は、ついには社会生活の全領域に対して影響を及ぼすのであり、すべての領域における人間行動の前提と条件とを変更するのである。……このようにして、相対的独立性をもつ諸発展が共同作用する結果、十分な遠方から眺めれば、ひとつの統一的な文化発展と見えるものが、成立するのである。」（*Ibid*., S.547, 邦訳四〇二頁）

それでは、資本主義における経済領域の強大な影響についてのような、社会全体システムにおけるひとつのサブシステムの相対的に大きな影響について、かれはどのように考えているのであろうか。かれはマルクスの経済的歴史観を引用して以下のように述べる。

「われわれはここでこの歴史観に対して賛否の態度を明らかにする必要はなく、経済活動の世界が一つの相対的自律性をもつということを確定することができる。なぜなら、この世界は国民の生活のきわめて大きな部分を占めており、しかも残りの大きな部分を形成しあるいは規定しているからである。」(1926, S.90, 邦訳一六四頁)

シュンペーターは、マルクスの唯物史観に見られるように、経済下部構造による上部構造の一方的な規定を考えてはいない。なぜなら、かれは経済領域と同様に他の社会領域にも「相対的自律性」を想定しているからである。

さて、このように、シュンペーターは社会全体の中で相対的に強い影響力をもつサブシステムの影響を認めているが、この見方はのちに資本主義体制の長期的な変容を扱った『資本主義・社会主義・民主主義』(一九四二)における議論の理論的枠組みとなっている。すなわち、それが資本主義制度の「内在的進化」(immanent evolution)の理論であり、資本主義における経済領域が主導領域として作用し、非経済領域との相互交渉を通じて他の文明へと進化してゆくのである(11)。

さて、以上で示したように、シュンペーターは社会各領域をサブシステム、それらの総体が全体システムを構成するものと考えている。その場合、ひとつのサブシステムの静態的な機能と構造は静学、その動態的な発展は彼の動学である「発展の理論」により説明されている。さらに全体システムとしての全体社会はその構成要素としての各サブシステム間に「相互依存の関係」をもち、静態的な機能と構造において「壮大な一般均衡」のメカニズムを有する。そして、この壮大な相互依存の体系はその内部から資本主義においては経済サブシステムにおける絶えざる「革新」を原動力とする作用と他の社会サブシステムによる反作用および相互作用により、長期的に「内在的進化」を遂げるのである。このようなシュンペーターの部分と全体との相似的な関係およびその動態的な変化のメカニズムの関係は、フラクタルという概念によってよりよく理解できると思われる。フラクタルとは、部分を拡大すると全体と相似になる複雑な図形を意味し、複雑性の本質を部分と全体との相似性に求めたフランスの数学者マンデルブローによって、一九七五年に導入された概念である。

この部分と全体とのフラクタルな関係がシュンペーター体系における部分と全体についての構造と機能、さらに進化のメカニズムへと、シュンペーターよって自覚的に想定されているという理解は、最初に述べたように、社会の部分領域としての科学の領域の進化や全体領域としての資本主義や封建制度などの「内生的な進化」のみならず、さらに進化過程における「本質的な要因」「付随的な現象」との峻別などの独自の視点が『景気循環論』の図式とのアナロジーによって一元的に構想されているという解釈を可能とするのである。

3 『景気循環論』の発展図式

前節でわれわれは、シュンペーターによる発展の一般理論について述べた。それは主として『経済発展の理論』の初版第七章「国民経済の全体像」において述べられた「経済発展の理論」の社会各領域や社会全体へのアナロジカルな適用により構想された理論的フレームワークであった。ここでわれわれは『景気循環論』（一九三九）に注目したい。なぜなら、『景気循環論』はかれの主著であり、『経済発展の理論』（一九一二）の出版から二七年の歳月を経て彫琢された完成型をここに見ることができるからである。

われわれの議論にとって重要と思われる観点から、『経済発展の理論』と『景気循環論』とを比較した場合、いくつかの強調すべき特徴が指摘される。その第一は、のちに述べるように、『経済発展の理論』では景気循環モデルが約一〇年周期の景気波動のみを扱った単一循環モデルであったが、『景気循環論』ではこれが周期の異なる三つの波動を合成した複合循環モデルへと進化している点である。とくに、約五〇年から六〇年の周期をもつ長期波動の導入は重要であり、長期の科学発展の分析にこれが応用されている。その第二は、革新のみによって生起する一次波（本質的過程）とそれによって付随的に生ずる、予想、投機などの随伴的病理現象（二次波）との峻別である。この区別は、科学発展の波動的進化の分析にも応用され、学派やイデオロギーの問題を扱った、かれの科学社会学において中心的な役割を演じている。第二章および第四章でも議論の必要にしたがって論じたが、以上の観点からかれの『景気循環論』の特徴について述べてゆく。[12]

(1) 一次接近(純粋モデル)

シュンペーターの革新モデルは三段階に分けて構成されている。第一段階は「純粋モデル」と呼ばれるもので、革新の要因のみが経済体系に作用する場合に生ずる景気変動を記述する。

革新による景気変動は経済の一般均衡状態(定常状態)から出発する。経済が定常過程における一般均衡にある場合、あらゆる企業の収入と費用とは一致しており、あらゆるところで価格は平均費用に等しい。利子率もゼロで非自発的な失業も存在しない。あらゆる企業と家計は長期の均衡状態にある。このような定常過程へ革新が侵入する。

革新は「企業者」による新生産関数(新結合)の導入を意味し、それは新人の指揮の下に新企業の設立という形をとる。その資金は銀行の信用創造を通じて賄われる。

革新の遂行には種々の抵抗を克服する強力な意志の力を必要とするが、ひとたび革新が成功すると、待機していた企業者の群れがこれに続く。(革新の群生)これに伴い、これらの企業者群は競って銀行から融資を受け、生産財を購入する。これは、生産手段の従来の用途からの転用を意味し、好況局面における物価の全般的な上昇を説明する。先頭の企業者は、やがて「懐妊期間」

を終え、新商品を市場に送り出し、利潤を獲得する。この利潤から銀行借入金が返済される。後続の企業者たちも同様の行動をとり出すとともに、市場における新商品の数量は増大し、銀行への返済額も増加する。増加する新商品の価格は下落し、増発された貨幣量は収縮する。（自動デフレーション）景気は後退局面へと入る。

後退局面では、新生産関数は一般化し、利潤も利子率もゼロに近づく。経済体系はふたたび定常過程へと接近するのである。ただし、新しい均衡状態では総産出高は増大し、価格水準も低下しており、家計は実質所得の増大という恩恵に与ることとなる。以上のような好況と不況からなる景気変動モデルをかれは二局面循環モデルと呼び、景気変動の「本質的過程」とみなした。この過程は循環的安定性をもつ。

（2）二次接近（四局面循環）

二次接近のモデルでは、二次波が導入される。革新による景気変動を一次波とすれば、二次波はそれに反作用して生ずる諸現象、たとえば革新による価格上昇から誘発される投機活動や経済情勢についての誤謬にもとづく革新の失敗などにより生じる。

革新による設備投資の増大は、所得増大を通じて消費需要の増大をもたらす。この消費需要の増大は、純粋モデルで述べられているように、無限ではない。しかし、これが持続すると予想して、投機活動や種々の行き過ぎが誘発される。これにより価格水準は純粋モデルに比べて何倍にも上昇する。したがって、この二次波はその数量的な大きさのために一次波を覆い隠し、一次波の存在は往々にして見失われがちである。

二次波はそれ自身の力によって生じるものではないから、一次波の上昇過程が終わって反転すれば、二次波もまたこれに追随せざるをえないであろう。このとき、二次波により生じた過剰設備、過剰ストックなどの行き過ぎが判然となり、整理の対象となる。しかし、この後退局面は、整理だけに終わることなく、過度の悲観的な心理作用を通じて加速され、均衡水準を越えて下落し、不況局面に突入する。やがて、行き過ぎの清算が進むにつれて経済体系は下方転回点へと接近し、それから回復局面にいたる。ここに純粋モデルにおける二局面循環に対して、好況、後退、不況、回復からなる四局面循環モデルが示される。

好況局面が革新を原動力とすることや後退局面が革新による衝撃を吸収する適応過程であることは、二局面循環の場合と同じである。しかし、不況局面は革新の理論から見れば余計なものである。投機や楽観、悲観などの心理的要因によって引き起こされた、革新の理論から見ると付随的、非本質的な現象である。すなわち、シュンペーターによると、

「後退と（もし不況が起こるなら）回復とは経済進化の循環過程の必要部分であるが、不況そのものはそうではない。……しかし、循環過程は、そのすべての本質的な様相にわたって、不況がなくとも論理的には完全なものであろう。不況がおこるかおこらないかは事実問題であり、財界や公衆の気分や機嫌、一攫千金的な精神の支配、好況期の信用のとりあつかわれ方――手がたい

か、そうでないか――、事業計画の良否についての意見を形成する公衆の能力、好況の高原という言葉への信頼におぼれている程度、貨幣管理の奇蹟などのような偶然的な事情にかかっている。」（1939, vol.I, p.150, 邦訳I二二一頁）

したがって、シュンペーターは過度の信用膨張、投機活動などの偶然的なできごとによって生じた不況局面を、革新のみによって生じる純粋モデルとしての「生理過程内における病理的なできごと」とみなしたのである。（*Ibid.* vol.I, .p.162, 邦訳I二三八―九頁）

（3）三次接近（三循環図式）

一次接近および二次接近のモデルでは、ただ一つの革新による単一循環変動が想定されていた。しかし、現実への接近度を高めた場合、いくつかの革新による周期の異なった波動が同時に重なり合うという事態が想定される。革新はその規模によって懐妊期間やその普及に要する時間が異なり、その周期によっていくつかに分けられる。シュンペーターはとくに、四〇ヶ月周期のキッチン循環、約一〇年周期をもつジュグラー循環、約五五年周期のコンドラチェフ循環の三つを取り上げ、それらの間の相互作用を「三循環図式」として定式化した。

この場合、一つのコンドラチェフ循環は六つのジュグラー循環を含み、一つのジュグラー循環は三つのキッチン循環を含む。これらの三循環の関係は、ヨリ短期の波動がヨリ長期の波動をめぐって動くというものであり、このことから、ヨリ短期の波動はヨリ長期の波動から影響を受ける。すなわち、ヨリ長期の波動の上昇局面ではヨリ短期の波動の上昇は強く、長期化し、ヨリ短期の波動の下降は弱く、短期化する。また、ヨリ長期の波動の下降局面では、ヨリ短期の波動の上昇は弱く、下降は強いのである。

シュンペーターは一九二九年の大不況の原因について、この三循環図式にもとづいて、三つの循環の同時的下降にもとめている。

「たとえそうであるとしても、三循環すべてのいかなる時点での一致も、とくに、一致する局面が、好況または不況の局面であるなら、つねに異常な烈しさを生みだすだろうことは明らかである。われわれの資料の及ぶ期間内――一八二五―一八三〇年、一八七三―一八七八年および一九二九―一九三四年――における三つのもっとも深刻でもっとも長い『不況』は、すべてこの特徴を示している。」（*Ibid.*, vol.I, p.173, 邦訳Ⅰ二五七頁）

4　科学発展のモデル

われわれは、ようやく、シュンペーターによる経済学を中心とした、社会科学の歴史についての諸著作に共通する分析的なフレームワークとは何かという問題について語ることができる。すなわち、かれが発展の一般理論にもとづいて経済領域において『景気循環論』として確立した歴史動学の方法を学説史を書く際にいかにして用いているかについて述べて行こう。

（1）経済分析の範囲と方法

シュンペーターは『経済分析の歴史』の第一編序論において、経済学の歴史を叙述するに際して、その主題や方法について述べている。序論の冒頭でかれは「経済分析の歴史」を定義して以下のように述べる。

「経済分析の歴史とは経済現象を理解するために人間が試みてきた知的努力の歴史を意味する。あるいは同じことに帰着するが、経済思想の分析的ないし科学的側面の歴史を意味する。」(1954,p.3, 邦訳1三頁)

ところが、現状では学説史家が用いる、経済学の歴史を叙述するための原則（科学方法論）について、混乱や誤解が生じており、これを避けるために、かれ流の学説史の方法を提示すると述べる。

「第一編において、……私の主題とするものの性質とわたしの用いようとする概念的手続きの若干とについての私の見解を説明する。さらに科学の社会学――科学を一つの社会現象として考える理論――に属する若干の題目が、当然ここに含まれるべきと思われる。」(1954,p.3, 邦訳1四頁)

すなわち、まず、かれは同書の主題としての「経済分析」の性質を確定し、それに伴う「科学哲学」的な手続き的ルールや分析の技術を明らかにする。さらに、かれは「科学の社会学」を導入する。

科学とは何か　上に述べたように、シュンペーターは「分析的」と「科学的」を同義に用いているが、「経済分析」という主題を確定するためには、科学とは何かが問われなくてはならない。

数理的自然科学や計量的科学だけを科学と定義するなら経済学は部分的にしか科学とはいえないとの理由から、かれは以下のような広義の定義を採用する。

「科学とは、つねに改良せんとする意識的な努力の対象となっているような種類の一切の知識をいう。」（*Ibid*.,p.7, 邦訳1一二頁）

この「つねに改良せんとする意識的な努力」は日常的な思考慣習を超えて、専門的な「技術」や方法へと導き、つぎの定義をもたらす。

「科学とは、事実を発見し、それを解釈し、そこから推理（分析）する・専門化された技術を発展させてきた一切の知識分野をいう」（*Ibid*.,p.7, 邦訳1一二頁）

この事実観察にもとづく分析的技術は、「近代的」、「経験的」、「実証的」科学として発展し、以下の二つの手続的ルールへと集約される。

「このルールは、われわれが科学的根拠によって受け入れざるをえない事実を、「観察や実験によって検証することのできる事実」という狭い範疇に限るものであり、ならびに、承認される方法の範囲を、「検証されうる事実からの論理的推論」に限るものである。」（*Ibid*.,p.8, 邦訳1一五頁）

すなわち、シュンペーターは経験科学の立場にたち、経済分析の手続的ルールは経験的観察にもとづいた論理的分析であるとしたのである。

つぎに、かれは上記の「専門化された技術」をあつかう職業的集団の観点から、科学についての社会学的な定義を行う。

「科学とは、通常、研究者とか科学者とか学者と呼ばれている人々が、現在までに蓄積された事実や方法を改善する仕事に従事しており、またそうすることのよって、かれらが「素人」や結果的に単なる「実務家」とも異なる事実や方法の掌握に通じているような一切の知識分野をいう」(*Ibid.,p.7,* 邦訳1一二頁)

この科学についての社会学的定義は、のちに述べるように、科学の発展が職業的科学者集団によって形成される変動の自律的機構であり、科学の進化が一直線に進むのではなくて、イデオロギーや学派を担う人々の思惑によって、ジグザグに進む理由を説明する。

さて、シュンペーターは以上の定義を踏まえ、二つの短い定義を与えている。

「(1)科学とは洗練された常識である、(二)科学とは道具化された知識(tooled knowledge)である。」(*Ibid.,p.7,* 邦訳1一二―三頁)

(1)の定義についてては、のちに述べるように、経済学の分野では、ひとびとの日常的な経済活動についての観察から得られた「常識」的な知識が他の分野よりも多く入り込む余地があり、したがって、素人である公衆の世論やこれと結びついた政策などの影響を受けやすいという点が重要と思われる。

（2）の定義における「道具化された知識」は、まさにかれのいう経済分析の性質を代表している。別の所で、かれは経済理論について以下のように述べる。

「さてこの種の仮説（経済理論）は、事実によっても暗示されるが、しかし厳格な論理においては、これらは分析学者の恣意的な創作物に他ならない。……これらは……興味ある結論を樹立するために作られた単なる道具や用具にすぎないのである。……かくてまさにかかる道具の全体が経済理論を構成するのである。……経済理論とは道具箱に他ならない。」（*Ibid*.,p.15, 邦訳一二九頁）

すなわち、経済理論は、事実観察にもとづくが、本質的には研究者の恣意的な創造により形成された道具である。塩野谷によると、これは広義の「道具主義」の立場を意味する。前述のように、道具主義とは、理論は現実の記述ではなく、有益な結果をもたらすための道具である。理論それ自身は真でも偽でもない。これに対して、「実在主義」の立場は、科学の対象は実在し、理論はその記述であり、真偽を判定される。実在主義に対する道具主義の特徴は、「仮説は恣意的な創造物であるから、仮説そのものが現実的であるかどうかのテストは必要ではないということである。なぜなら、仮説は補助手段であり道具であるにすぎず、仮説の価値はそれらが生み出す成果によってのみ判定されるからである。」（塩野谷：一九九八、四八頁）

シュンペーターは『経済分析の歴史』の第一篇序論の第二章において、経済分析の技術として経済史、統計、理論、経済社会学の四つをあげている。この場合、歴史、統計は理論構築にあたって、事実観察や理論の検証という形で理論と相互補完的な役割を演じる。

また、経済社会学は経済を取り巻く制度的、非経済的な領域を分析することを通じて、社会全体の分析へ迫ろうとするものである。

さて、以上のように、シュンペーターのいう「経済分析」の性質がおよそ明らかになった。それは経済分析の技術である理論、歴史、統計、経済社会学を含む広義の理論であって、それは経験科学という手続的ルールに従う道具としての知識なのである。また、この道具化された知識をあつかう職業的な社会集団は科学の社会機構を形成し、「経済分析」の進化に、促進的、阻害的な影響を与える。そこで、かれは『経済分析の歴史』の序論「範囲と方法」第三章に科学社会学を加えたのである。

(2) 第一次接近 (純粋モデル)

われわれは、シュンペーターの『景気循環論』における現実経済への接近方法が、かれの学説史の方法といかに近いものかについてここで論じる。

先に述べたように、かれは、『景気循環論』において、「革新」によって生じる景気の波を経済変動にとって本質的であるという意味で第一次波と呼び、これによって誘発される、一時的、付随的な病理的現象(二次波)と区別した。この本質的なものと付随的なものの区別は、『経済分析の歴史』ではどのようになっているだろうか。

かれは同書の科学の社会学を扱ったところで、以下のように述べる。

「……私がこの経済学――経済分析――の歴史を、政治経済学の体系の歴史や経済思想の歴史から区別するのが肝要であると考える……」（*Ibid.*,p.38，邦訳1七二頁）

ここでかれは、道具化された経済理論としての経済分析を経済学の歴史を叙述する際の本質的なものとみなしており、イデオロギーや価値判断を含む「政治経済学の体系」や特定の時代や地域における公衆の意見や願望を含む「経済思想」を付随的、病理的現象とみなし、これらを明確に区別している。

たとえば、経済思想に関してかれが述べたところで「これら（経済思想）は、われわれの劇の全体を通じて終始主役を務める分析的研究にたいして、時には好都合な影響を与え、時には制止的な影響を与える脇役として登場するにすぎない」と述べている。（*Ibid.*,p39，邦訳1七五頁）

さらに、シュンペーターは『経済分析の歴史』の主題である経済分析の進歩が歴史的な連続性を持つものであるのにたいして、副次的な要因である政治経済学の体系や経済思想はこの連続性をもたないのみならず、経済分析の進化にとって阻害的な作用を及ぼすという。

「分析的研究がかりに現実の市場の利害や態度によって、いかに強く混乱させられたものであっても、なおその発展は、われわれの意味における経済思想の歴史的展開やあるいはまた政治経済学の体系の歴史的継起にはまったく見られない、一つの特徴ある特性を示している。」

(*Ibid.*,p.39, 邦訳1七五頁)

この経済分析の特性の例として、かれは「競争的価格」について「ミルとサミュエルソンとの間には「科学的進歩」があった」(*Ibid.*,p.39, 邦訳1七六頁) と科学進化の連続性を指摘する。

「われわれの分野では、このように分析的進歩について述べることが可能であり、また、この語が示す事実を否定できないのにたいして、他方、経済思想の領域やまして政治経済学の体系のなんらかの歴史的な序列のなかでは、これに対応するものは何もない。」(*Ibid.*,p.40, 邦訳1七六頁)

科学的観念の系統的進化　シュンペーターは、上に述べた経済分析の歴史的連続性について定義を与え、これを述べることが『経済分析の歴史』の主題であると強調し、これが基本的には他の知識分野にもあてはまるという。

「科学的経済学（経済分析）は歴史的連続性に欠けてはいない。実際のところ、科学的観念の系統的進化（Filiation of Scientific Ideas）の過程——経済現象を理解しようとする人間の努力が、無限の連続のなかに、分析装置を作り出し、改良し、破壊してゆく過程——ともよばれるものを記述することは、われわれの主要な目標である。さらにまたこの過程が、基本的には他の知識の分野における類似の過程と、異なるものではないということも、本書において樹立されるべき主要テーゼの一つなのである。」(*Ibid.*,p.6, 邦訳1九—1〇頁)

ところで、この科学進化における歴史的連続性は、経済における革新と対比される「新しい学説」によってもたらされる非連続的な変動とどのような関連をもつのであろうか。かれは、『景気循環論』のなかで次のように述べる。

「このことは、例えば家庭の電化のような、一定の産業上の発展は、個別企業の観点から見るとき、新生産函数の設定（＝革新）に付随する多くの非連続性を意味しているが、他の観点から見るとき、数世紀さかのぼる根源から持続的に進行している継続的過程としてあらわれる、ということを考えてみれば明らかとなる。……われわれはこのことを、ミクロ的観点とマクロ的観点との相違と特徴づけてもよいであろう。」（1939, vol.I, p.227, 邦訳Ⅱ三三八頁）

すなわち、シュンペーターは、ミクロ的観点からみた場合、新しい学説によって引き起こされる非連続的な衝撃は、変動機構としての学派内、および学派間の変動をもたらすが、他方、長期のマクロ的観点からみれば、上記の「科学的観念の系統的進化」の過程として歴史的連続性を持つというのである。このように、科学発展は経済発展と同様に、ミクロ的には非連続的な要因（革新や新学説）」によって変動が引き起こされるが、マクロ的にみると、数世紀前の古典に着想を得るというように歴史的な連続性を持つのである。

すなわち、「それ（科学的分析）は、われわれ自身やわれわれの先輩の心の創造物との絶えざる闘争であり、もしも『進歩がある』としても、それは行きつ戻りつの（criss-cross）仕方においてであり、論理が指令するままのものではなくて、新しい観念、新しい観察、新しい必要が与える衝撃の結果として、さらにまた新しい人間の傾向や気質の結果として、生まれるものなのである。」（1954,p.4, 邦訳1六―七頁）

したがって、シュンペーターにおける科学発展は、科学者による先人の科学的業績との絶えざる学問的格闘を通じて、「進歩」の連続性を持つが、他方、経済発展と同様に、革新（新しい学説）によって生ずるような循環的な波動をもつ。この科学における一次波（経済分析）は科学発展にとって本質的な要因なのである。

この経済分析の歴史的連続性（科学的観念の系統的進化）について、かれは『経済分析の歴史』、『学説と方法史の諸時代』、『社会科学の過去と将来』の諸著作を通じて述べているが、特に、『社会科学の過去と将来』では簡潔にこれが述べられている。

かれはその第四章で、一八世紀に事実そのものの中に説明根拠を求める経験的社会科学が成立し、国民経済学においてはアダム・スミスがこれを受け継いだと述べる。イギリスにおいては、この経済静学の流れが、リカードド、ミル、ジェボンズ、マーシャルへと受け継がれ、フランスにおいては、J・B・セイからレオン・ワルラスへと至る。この他かれは、イタリア、アメリカ、ドイツについても、この連続性の例を挙げている。（1915, SS.86-7, 邦訳一二二―四頁）

（3）第二次接近（学派・イデオロギー・公衆心理）

前述のように、シュンペーターの『景気循環論』で述べられた第二次波動は、一次波動を生起させる革新の作用により誘発された、思惑、投機、楽観、悲観などの心理的要因を通じて、さまざまな「ゆきすぎ」をもたらし、これが景気の波動を増幅する結果、一次波を覆い隠す。この二次波は「革新の理論」にとって「論理的には非本質的な、だが実際上は最も重要な事実」（1939, vol.I, p.146, 邦訳Ｉ二一五頁）である。

「実際この第二次波動の現象は、数量的には第一次波動の現象よりもより重要であろうし、一般にそうである。この現象は、ずっと広い表面をおおうが、また観察するのがずっと容易である。……誤謬の循環的な密集や楽観、悲観のゆきすぎ、その他は、……、第一次過程に必ずしも固有のものではない。」（*Ibid.*, vol.I, p.146, 邦訳Ｉ二一四―五頁）

このような心理的要因による二次波の特徴は、科学の一次波（経済分析）に対する科学の二次波（イデオロギーや経済思想など）の説明として、シュンペーターの経済学の歴史についての方法のなかで、どのように使われているのであろうか。

かれは『経済分析の歴史』の第一編序論、第四章「経済学の社会学」において、第一節「経済学の歴史はイデオロギーの歴史であるか」と題し経済分析に対するイデオロギーの危険について論じている。ちなみに、第二節「科学的努力の動力と科学発展の機構」と第三節「科学一般特に経済学に従事するもの」はタイトルのみで草稿さえ残っていない。

われわれのここでの目的は、この未完成の章に残された断片的な考察とかれの初期の著作『社会科学の過去と将来』から、科学の二次波についての特徴を引き出すことにある。

かれは『経済分析の歴史』の第四章で「科学の社会学」について論じた。これは「科学を一つの社会現象として取扱う科学」であり、科学者が「独自の職業的グループを形成しやすいという事実」(1954,p.33, 邦訳1六二頁)が、科学の歴史研究にとって、科学社会学の重要性を要請するのである。

このことは科学の進化が、学派という社会的機構をつうじて行われることを意味する。

「ここでみた社会機構が概念的装備の発展や事実的知識の蓄積を促進するのみならず、さらに普通に科学的進歩となされているもののもっとも有力な動力をも提供する主要な要因であるという点については、なんらの道理ある疑念もありえないことになる。」(*Ibid*.p.46, 邦訳1八九頁)

同様のことは『社会科学の過去と将来』の第四章「学派間抗争の結末——科学の社会学のために——」のなかでも述べられている。

「いついかなる場合においても学問の進歩はグループ単位で行われ、組織化を目的とするスローガンの助けを借りて一齣々々誇張するというやり方でしか行われない。また、他方、これらの要因はわれわれの心理にかかわる事実でもある。」(1915, S.104, 邦訳一四五頁)

ここで重要なことは、学派によって行われる科学の進歩は、世論や政策をも巻き込む形で、スローガンや政治綱領などの心理的要因の作用によってその社会的成功を達成するということである。

「すべての研究の流儀といわれるものはいずれも、それに賛同する一般大衆と、多くの人びととの共同作業を必要とする。指導的な人物はこのような広い範囲にわたる大衆を基盤とする共鳴版を手に入れねばならない。……もしも、その人物がわかりやすくて切れ味のよい綱領を持ち出し、攻撃すべき敵が誰であるかを示しさえすれば、もっと広い範囲の人びとにきわめて有効に訴えかけることもできるであろう。このようなやり方をした派閥人が勝利を得ることになる。」(*Ibid.*, S.97, 邦訳一三五―六頁)

さて、以上のような科学の二次波の特徴である心理的要因について、シュンペーターは『経済分析の歴史』の科学社会学について述べた章で論じている。ここでかれは科学の一次波としての経済分析を脅かす要因として、研究者による科学モデルの構築の際に、そのヴィジョンに混入している先入観(イデオロギー)を指摘する。ただし、この理論モデルにおけるイデオロギー的要素は、事実による絶えざる検証という科学的処理によって、原理的には排除可能である。しかし、現実の経済学の歴史においては、一方において、研究者の生きている時代やその社会的地位などの環境的条件によってイデオロギーは新しく生産され、他方、その研究者が学ぶ先人の業績に含まれるイデオロギーによって再生産されるのである。

この科学者の内面や学説に含まれるイデオロギー的要素が、科学の本質的過程としての経済分析の進化にとっては、その進行を遅らせる阻害的要因として作用するが、反面、科学進化の外面的、社会的側面から見ると、学説の分析的な部分とは区別された、その政治的、功利的な働きが、学派の著しい社会的成功やその急激な衰退を説明するのである。

かれは、アダム・スミスを例にとり、このことを述べている。

「かれの政治的原理や処方箋自体（イデオロギーを含むし――価値判断を開示している）は、疑いもなくかれ自身やかれの読者にとっては最も重要なものであり、さらにまたかれの著作が世間的に成功し、その意味で人間の思想史のなかで誇らしき地位をかちえた理由を説明するものである。」（1954,p.38,[13] 邦訳1七三頁）

このようにして、かれは科学進化の二次波における心理的要因が、景気循環と同様にして、過剰なブームやその反動としての急激な衰退をもたらすとのべる。

「すぐれた思潮は、それが過大評価された時期が過ぎ、あるいは過大評価にたいする反動の時期がすぎると、結局どこかで、既存のものの中に組み込まれてしまう。」（1915, S.103, 邦訳一四四頁）

かれは『経済分析の歴史』と同様に『学説と方法史の諸時代』でも、いくつかの箇所で「外面史」という節を設け、科学進化にとっての外面的、社会的側面について述べている。

（4）三次接近（科学のコンドラチェフ長期波動）

前述のように、シュンペーターは『景気循環論』において「三循環図式」を採用し、周期の異なる三つの波動（キッチン、ジュグラー、コンドラチェフ）を合成して現実へ接近した。また、かれは、これらの波動を「歴史的個体」とみなし、それぞれの波動にはそれぞれの歴史的事実が対応していると考える。特に、約五〇年の周期をもつコンドラチェフ長期波動は、その長い周期のゆえに、経済を取り巻く制度的変化や時代精神などの上部構造（科学を含む）の歴史的変化が対応することになる。

かれによると、第一の長波は「産業革命コンドラチェフ」（一七八七―一八四二）と呼ばれ、紡織機、蒸気機関などを主要な革新とする。第二は「ブルジョワ コンドラチェフ」（一八四三―九七）であり、鉄道建設がその中心的内容である。第三は、「新重商主義コンドラチェフ」である。これは一八九八年に始まるが、第一次世界大戦により中断され、その後世界大恐慌までが述べられている。その内容は、電気、化学、自動車などの普及である。

われわれが注目するのは、経済におけるコンドラチェフ長波のそれぞれの時代区分が『経済分析の歴史』における科学の長期波動の時代区分とほぼ対応しているということである。

シュンペーターは『経済分析の歴史』の中で、経済学における均衡の概念に対応する「古典的状況（Classical Situation）」という概念を用いている。これは同書の編集者であるエリザベス・ブーディ・シュンペーターによって、簡潔に表現されている。すなわち、「長期にわたる闘争と論争の末に達成される実質的な意見の一致、――それ以前に行われていた新しい独創的研究の統合」（1954,p.51, 邦訳1九七頁）のことである。

かれは『経済分析の歴史』の第二編の冒頭で、この「古典的状況」が、社会科学が成立した一八世紀後半にはじめて現れたものであるという。これは、ギリシャ＝ローマ以来、連綿として続いてきた哲学と政治的時事問題についての考察との二つの流れがアダム・スミスの『国富論』(一七七六)において整理統合され、さらに、この『国富論』が経済学の基準として当事の学問的世界に普及するまでの期間(一七九〇年頃まで)を一つの時代区分とする根拠を示している。すなわち、かれはスミスから始めないでかれを前の時代区分の終わり近くに置くということで、「古典的状況」の意味する、学説の整理統合の時期が、それに先立つ独創的研究の時期の成果の結果であるという、まさに革新による循環的進化の理論に対応する、科学発展の理論にもとづいて『経済分析の歴史』を叙述しているからである。この時代区分の対象はひとつの歴史的個体であり、固有の科学的循環変動を有するのである。このことから、かれはこの第二編の時代区分をギリシャ=ローマから一七九〇年頃までとし、社会科学成立後の一七九〇年代からはじまる二つの社会科学の長波を中心に、科学発展の理論を用いてその歴史を描いている。

第二の時代区分は、一七九〇年代から一八七〇年までである。これは第三編で取り扱われており、彼の科学発展の理論の片鱗を垣間見ることができる。

「さらに重要なのは、一七九〇年代から一八六〇年代の終わりに至る期間こそ、およそ時代区分についてわれわれの立てている基準に合致するものだという点である。すなわち、この期間においては、まず最初に枯れて死につつあるものと争っていた、希望に満ちている新しい活動が見られる。続いて、事態は落ちついて、われわれの意味における典型的な古典的状況があらわれ、これらはJ・S・ミルの典型的に古典的な業績の中に要約されていた。」(*Ibid.*,p.380, 邦訳3七九

九頁）

彼によれば、この時代区分においては、マルサスの『人口の原理』（一七九八）が「新しい活動」の出発点であり、ミルの『経済学原理』（一八四八）による整理統合の受容が完了するまでがその対象である。

第三の時代区分は、第四編の一八七〇年から一九一四年およびその後までである。この時代はジェボンズやメンガーなどによる限界革命に端を発し、マーシャルの『経済学原理』（一八九〇）によってそれまでの業績が整理統合され、これが社会に受容されるまでの期間である。かれはこの場合の古典的状況の時期を一九〇〇年頃としている。（*Ibid*.,p.1139, 邦訳7一三九六頁）ただし、かれがこの時代の端緒的な仕事の中にマルクスをいれていることは重要である。というのは、かれは経済学史の叙述に際し、静学の系譜だけではなくて、かれの動学（発展の理論）の先行者としてマルクスによる経済の「内在的進化のヴィジョン」についての重要性を指摘しているからである。（*Ibid*.,p.441, 邦訳3九三〇—一頁）

最終の第五編では一九一四年から四〇年頃までを取り扱うが、シュンペーターはここではかれの科学発展の理論を用いた叙述を行わない。その理由は、景気循環論におけると同様、前述の二つの時代区分のように、循環の歴史的個体の全体が与えられておらず、断片的な分析に留まるからである。

以上のように、彼の描いた社会科学成立以後の二つの時代区分とそれに続く最後の時代の開始時期は、コンドラチェフ長期波動の時代区分にほぼ対応している。さらに、この科学の長波は、そのメカニズムにおいてもかれの『景気循環論』に対応しているのである。

5　おわりに

本章の叙述を始めるにあたって、われわれが設定した問題は次のようなものであった。それは、シュンペーターの『学説と方法史の諸時代』、『社会科学の過去と将来』『経済分析の歴史』などの経済学を中心とした社会科学の歴史についての諸著作に共通する分析的フレームワークとは何か、ということであり、さらに、この分析枠組みが『経済発展の理論』および『景気循環論』と同様のものであり、社会各領域の分析のみならず、資本主義の内在的な構造変化および封建制度の内在的進化の理論的枠組みとしてもシュンペーター体系構築の礎石として用いられているのではないかということであった。そして、この問題にこたえることは、塩野谷の科学についてのメタ理論（上部構造の理論）をその一部に含む、社会各領域（サブシステム）およびそれを部分として含んだ社会全体の静態的な構造と機能ならびにその動態的な内生的進化のメカニズムについてのフラクタル（相似的）な重層構造全体に一貫する共通の分析的枠組みを明らかにすることであった。したがって、そのような解釈の試みは、塩野谷の二構造アプローチの一部としてのメタ理論をその部分とした全体社会の進化をも解明するものであり、塩野谷解釈とは異なった解釈を提示することを意味した。

われわれはこの問にしたがって、先ず、彼の「発展の一般理論」をみた。この場合、「発展の一般理論」はサブシステムとしての社会各領域を分析する理論的枠組みとして用いられ、これらとフラクタルな関係にある全体社会についても同様に、「発展の一般理論」が用いられていた。次に、この「発展の一般理論」の特殊なケースとして、かれの主著である『景気循環論』における「革新の理論」の特徴を論じた。そして最後に、この「革新の理論」の特徴がシュンペーターの『経済分析の歴史』を中心とした学説史についての諸著作のなかに、それらを描く際の共通のフレームワークとして用いられているか、否かについて論証した。

本章において述べたように、シュンペーターは主著『景気循環論』において確立した「発展の一般理論」を用いて科学領域の発展を論じている。同様にして、かれは『資本主義・社会主義・民主主義』の民主主義論で示した政治領域についての分析も「発展の一般理論」の応用であるし、同書における資本主義社会全体の「内在的進化」についての理論的枠組みもこれの応用である。（吉尾：一九九九）さらに第三章で述べたように、封建制度の盛衰についてもの「内在的進化」に代表される「発展の一般理論」をその分析的基礎に据えている。（吉尾：二〇一一b）このようなかれの経済領域において確立した「発展の一般理論」の社会諸領域および社会全体の発展への応用分析を、われわれはかれの「経済社会学」と呼ぶ。そして、このような方法を用いて分析された社会諸領域を最終的に総合したものが、かれの目指した「総合的社会科学」である。

したがって、塩野谷による解釈、すなわち、シュンペーターの中にかれの科学哲学、科学社会学、科学史によって構築された「メタ理論」という精神世界についてのもうひとつの理論体系が存在するという解釈は現代科学哲学の中にシュンペーターを位置づけて、その独自性をあぶりだすという方法論的な貢献として大いに評価される業績であるが、この見解のほかに、シュンペーターの「発展の一般理論」の図式だけを用いて、これをフラクタクルな構造をもつ壮大な体系としてとらえることによって一元的に理解しうるという解釈も成り立つと思われるのである。

ただし、かれの「総合的社会科学」の体系は未完のままわれわれの前に残されているのであって、したがって、われわれに残された課題は、リチャード・ネルソン（Richard Nelson）とシドニー・ウィンター（Sidney Winter）に代表される最近の進化経済学の進展に見られるようなかれの動学の一層の彫琢を評価しつつも、経済領域をその一部とする壮大なシュンペーターの「経済社会学体系」がもっている現代的意義、すなわち、現代の文明論的諸問題に対峙するための数少ない武器のひとつとしての意義を踏まえ、かれによって手が付けられていない社会諸領域への「発展の一般理論」用いた分析を始めることにより、かれの「総合的社会科学」の完成に一歩を進めることである。

註

第1章

（1）近年社会学者によって、シュンペーターの経済社会学が再評価されつつある。スウェドバーグ（Richard Swedberg）はシュンペーターの伝記（Swedberg:1991a）とかれの経済社会学的に関わる諸著作を編集した論文集（Swedberg:1991b）を出版したのみならず、シュンペーターの経済社会学についての諸論考を書いている。

（2）シュンペーターはこの経済静学の系譜のみならず、かれの動学（内生的進化論）の先行者としてヘーゲルからマルクスへの系譜を取りあげ、かれらの著作に垣間見られる「内在的進化のヴィジョン」を高く評価している。（1954:p.441, 邦訳、九三〇—三一頁）

第2章

（3）アンデルセンは、シュンペーターの「社会進化の一般理論」について述べているが、発展の理論を他の社会領域の分析に応用する段階にとどまっており、全体システムへの相似的な分析の応用には言及していない。（Andersen:pp.155-87）

（4）シュンペーターの資本主義論についての解釈は、ほとんどが上記の失敗論あるいは停滞論である。その停滞論の本旨についてみると大きく二つに分類される。第一は、資本主義の経済領域内では革新の自動化が経済進化を推し進めるが、経済外の領域において、労働組合の急進化

および これに伴う過度の平等化政策などの、経済進化の阻害要因が顕在化して資本主義を経済停滞に陥らせるというものである。代表的な論者としては以下のごとくである。E・S・アンデルセン（Andersen,E.S.:2009,pp.155-187）、A・スミシーズ（Smithies, A:1981, pp.130-149, 邦訳二二三―二五四頁）、R・L・ハイルブローナー（Heilbroner, R.L.：1981, pp.95-106, 邦訳一六三―一八二頁）、大野忠雄（大野：一九七一、五、六章、一九八三、一九八四）、塩野谷祐一（塩野谷：一九八三、一九八四、一九九五、二九七頁）

第2の分類に属する解釈は、経済外の領域における阻害要因のほかに経済領域内にも進化の阻害要因をみるものである。大企業化にともなう組織の硬直化や革新の自動化、組織化を企業者機能の低下因子ととらえ、内的、外的阻害要因による矛盾のゆえに資本主義は社会主義化する。M・ブロンフェンブレナー（Bronfenbrenner, M：1982, pp.95-112）、篠原三代平（篠原：1984）、A・ヒアチェ（Heertje, A：1982, pp.84-94, 2006, pp.41-56）、K・ロスチャイルド（Rothchild, K. W：1982, pp.113-115）、G・ヴィンターベルガー（Winterberger, G：1983）。

（5）この引用においてシュンペーターが構想する全体社会モデルの機能が読み取れる。かれは社会諸領域によって構成される総体を、各サブシステム間の一般的相互依存体系とみなし、この中の主導的な経済サブシステムによる非経済のサブシステムへの作用とこれらの非経済のサブシステムによるこの作用への適応、さらには非経済のサブシステムによる反作用と経済システムによるこれへの適応による全体システムの進化を想定している。

第3章

（6）塩野谷のこのような「二構造アプローチ」におけるメタ理論の枠組みについて、吉尾（二〇〇八および本書第六章）は別の解釈を提起している。シュンペーターの科学の領域ついての分析を含んだ体系についても社会の他の領域の分析と同様に、「発展の一般理論」をアナロガスに用いるという仕方でシュンペーター体系は構成されていると理解でき、メタ理論を用いなくとも解釈可能である。E・S・アンデルセンも「社会進化の一般理論」を科学領域を含む社会各領域の分析へとシュンペーターが応用していると指摘している。（Anderaen : p.8）

第4章

（7）大野はシュンペーター理解において、唯一、資本主義進化予測の二経路を指摘している。（大野：一九九四、二四五頁）

（8）シュンペーターはこれを論文「資本主義の不安定性」で社会主義と呼ぶか「ひとつの事物の秩序」（an order of things）と呼ぶかは人々の用語上の好みであると指摘した。（Schumpeter : 1928, p.386）

第5章

（9）宮島によると「……支配的文化や各集団の文化的状況の変動をどうとらえるか、政治、経済、社会運動などのレベルの変化や葛藤の影響をどう組み込むかは今後の課題といえる……」（宮島：四四頁。）また、「再生産は変動とどのような関係に立つのか。……再生産はそれに先立つ生産とは異なる条件下で行なわれる以上、変化を伴うのは当然であろう。ではその変化の質、範囲、方向がどのような域に達すれば、システムの再生産という規定を超えるのだろうか。……当面、再生産と変動の関係は問われるべきテーマとして残されている」（宮島：一〇三頁）

第6章

(10)「総合的社会科学」という言葉は、塩野谷祐一によるものである。塩野谷祐一（一九九五）第一章、第三章を参照されたい。

(11) これについては拙稿「シュムペーターの民主主義論」（吉尾：一九九九）を参照されたい。

(12) シュンペーターの『景気循環論』における一次波（生理過程）と二次波（病理現象）がもつ意味の重要性を最初に指摘したのは緑川敬である。（緑川：一九五六、一八五―二二六頁）

(13) シュンペーターは「科学とイデオロギー」のなかで、スミス以外にマルクスとケインズの社会的な成功の理由として、このイデオロギーの作用について述べている。（1949, pp.274-78）

初出一覧

序　論　「シュンペーターの経済社会学体系──発展の一般理論」『秀明大学紀要』第四号　二〇〇七年三月に加筆。

第2章　「シュムペーターの経済社会学と資本主義進化」千葉大学大学院　人文社会科学研究科紀要『人文社会科学研究』第二二号　二〇一一年三月に加筆。

第3章　「シュムペーターの経済社会学と封建制度の進化」千葉大学大学院　人文社会科学研究科紀要『人文社会科学研究』第二三号　二〇一一年九月に加筆。

第4章　「シュムペーターの民主主義論」八千代国際大学紀要『国際研究論集』第一一巻　第四号　一九九九年一月に加筆。

第5章　「シュムペーターの歴史動学における文化理論の重要性」八千代国際大学紀要『国際研究論集』第一三巻 第四号　二〇〇一年一月

第6章　Schumpeter's Theory of Scientific Evolution : Economic-sociological Analysis. *The Shumei Journal* Vol.II, 2005. に加筆し翻訳。

参考文献

日本語文献

青木泰樹　一九八七．『シュンペーター理論の展開構造』お茶の水書房。
伊東光晴・根井雅弘　一九九三．『シュンペーター　孤高の経済学者』岩波書店。
アマーティア・セン　一九九七．『日本経済新聞』九月八日。
猪木武徳　一九八七．『経済思想』岩波書店。
大野健一　一九九六．『市場移行戦略』有斐閣。
大野忠男　一九七一．『シュムペーター体系研究』創文社。
――――　一九八三「シュムペーターと資本主義の将来」『追手門経済論集』一七．二・三。
――――　一九八四「シュムペーターの未来学について」『資本主義の運命・経済社会学会年報・Ⅵ』時潮社。
――――　一九九四．『自由・公正・市場』創文社。
金　指　基　一九七九．『J・A・シュンペーターの経済学』新評論。
――――　一九八七．『シュンペーター研究』日本評論社。
――――　一九九六．『シュンペーター再考』現代書館。
香西泰編　一九九五．『二一世紀への経済政策』日本経済新聞社。

香西 泰　一九九七．『日本経済新聞』一月一日。

塩野谷祐一　一九八四．「シュンペーターにおける科学とイデオロギー」『三田学会雑誌』七六．六。

――――　一九八四a．「シュンペーターの問題と方法―方法序説」『経済学研究』二五。

――――　一九八四b．『価値理念の構造』東洋経済新報社。

――――　一九八四c．「資本主義文明の衰退と社会主義」『シュムペーター再発見』日本評論社。

――――　一九八六．「シュンペーターと純粋経済学」『経済学研究』二七。

――――　一九八八．「シュンペーター・シュモラー・ウェーバー　歴史認識の方法論」『一橋論叢』一〇〇．六。

――――　一九九〇．「シュンペーターの『アンナの日記』」一橋大学社会科学古典資料センター、Study N0.21. Series.

――――　一九九五．『シュンペーター的思考』東洋経済新報社。

――――　一九九七．『日本経済新聞』八月七日。

――――　一九九八．『シュンペーターの経済観』岩波書店。

――――　二〇〇四．塩野谷祐一訳「マーク・パールマン著、シュンペーターの『経済分析の歴史』」『思想』二〇〇四年八月号、岩波書店。

篠原三代平　一九八四．「シュンペーターと現代世界」『ヒューマノミクス序説』筑摩書房。

白鳥令・曽根泰教編　一九八四．『現代世界の民主主義理論』新評論。

伊達邦春　一九七九．『シュンペーター』日本経済新聞社。
――　一九九一．『シュンペーターの経済学』創文社。
――　一九九二．『シュンペーター・企業行動・経済変動』早稲田大学出版部。
玉野井芳郎　一九七二．「シュムペーターの今日的意味」玉野井芳郎監修『社会科学の過去と未来』ダイヤモンド社。
中山伊知郎　一九八〇．「解説」シュンペーター『経済発展の理論』改訳版に所収。
――　一九八一．『中山伊知郎全集』補巻、講談社。
浜崎正規　一九五五．『シュムペーター経済学の基本問題』雄渾社。
別冊経済セミナー　一九八三．『シュンペーター再発見・生誕一〇〇年記念』日本評論社。
北条勇作　一九八三．『シュンペーター経済学の研究』多賀出版。
緑川　敬　一九五六．『景気変動の研究方法』日新出版。
宮島　喬　一九九四．『文化的再生産の社会学』藤原書店。
森嶋通夫　一九九四．『思想としての近代経済学』岩波書店。
八木紀一郎　一九八八．『オーストリア経済思想史研究　中欧帝国と経済学者』名古屋大学出版会。
吉尾博和　一九九九．「シュムペーターの民主主義論―経済社会学の政治分析への応用―」、秀明大学紀要『国際研究論集』第一一巻 第四号。
――　二〇〇一．「シュムペーターの歴史動学における文化理論の重要性」八千代国際大学紀要『国際研究論集』第一三巻 第四号。

――― 二〇〇七.「シュンペーターの経済社会学体系―発展の一般理論」『秀明大学紀要』第四号。

――― 二〇〇八.「シュンペーターの総合的社会科学と科学進化―発展の一般理論の応用」『秀明大学紀要』第五号。

――― 二〇一一a.「シュンペーターの経済社会学と資本主義進化」千葉大学大学院人文社会科学研究科紀要『人文社会科学研究』第二二号。

――― 二〇一一b.「シュムペーターの経済社会学と封建制度の進化」千葉大学大学院人文社会科学研究科紀要『人文社会科学研究』第二三号。

吉田昇三　一九五六.『シュムペーターの経済学』法律文化社。

――― 一九七五.『ウェーバーとシュムペーター』筑摩書房。

外国語文献

Andersen,Esben Sloth. 2009. *Schumpeter's Evolutionary Economics : A Theoretical, Historical and Statistical Analysis of the Engine of Capitalism*, London,New York,Anthem Press

Backhaus,Jürgen, ed. 2003. *Joseph Alois Schumpeter : Entrepreneurship, Style and Vision*, Kluwer Academic Publishers, Boston.

Bourdieu,Pierre. 1979. *La Distinction. Critique sociale du jugement*, Les Editions de Minuit.（石井洋二

郎訳『ディスタンクシオン』全二巻、藤原書店、一九九〇）
——— 1980. *Le sens pratique*, Les Editions de Minuit.（今村仁司ほか訳『実践感覚』、全二冊、みすず書房、一九八八—九〇）
——— 1990.『ピエール・ブルデュー』、ピエール・ブルデュー著、加藤晴久編、藤原書店。
Bronfenbrenner, M. 1981. "Schumpeter's Contribution to the Study of Comparative Economic System," In H. Frisch, ed. 1981.
Frisch , Helmut, ed. 1981. *Schumpeterian Economics*. London: Praeger.
Hanusch, Horst, ed. 1988. *Evolutionary Economics*, Cambridge University Press.
Hayek , F. A. 1979. *Law, Legislation and Liberty*, vol. 3. The Political Order of a Free People , London, Routledge & Kegan Paul.
——— 1980. *Individualism and Economic Order*, Chicago, The University of Chicago Press.
Heertje, Arnold, ed. 1981 *Schumpeter's Vision: Capitalism Socialism and Democracy after 40 years*. New York: Praeger.（西部邁他訳『シュンペーターのヴィジョン』ホルト・サウンダース、一九八三）
——— 1981. "Schumpeter's Model of the Decay of Caitalism," In H. Frisch, ed. 1981.
——— 2006. *Schumpeter on the Economics of Innovation and the Development Of Capitalism*, Cheltenham, Edward Elgar
Heilbroner,R.L. 1981. "Was Schumpeter Right," In A.Heertje, ed. 1981.

——— 1993. *21st Century Capitalism,* New York,London,W.W.Norton&Company.（中村達也・吉田利子訳『二十一世紀の資本主義』、ダイヤモンド社、一九九四）

McCraw, Thomas K.2007. *Prophet of Innovation: Joseph Schumpeter and Creative Destruction* Cambridge,Harvard University Press.（八木紀一郎監訳『シュンペーター伝　革新による経済発展の預言者の生涯』一灯社、二〇一〇）

Meerhaeghe, Marcel A.G.van. 2003. “The Lost Capetr of Schumpeter's `Economic Development,”, In Backhaus, ed. 2003.

Perlman, Mark. 1994. “Introduction. In Schumpeter” (1994).

Peukert, Helge. 2003. “The Missing Chapter in Schumpeter's The Theory of Economic Development”, In J.Backhaus , ed. 2003.

Rothchild, K.W. 1981. “Schumpeter and Socialism,” In H.Frisch,ed. 1981.

Schneider, Erich . 1970. *Joseph A. Schumpeter, Leben und Werk eines Grossen Sozialökonomen,* Tübingen, J.B.C. Mohr.

Schumpeter, Joseph Alois. 1908. *Das Wesen und der Hauptinhalt der theoretischen Nationalökonomie.* Leipzig:Duncker & Humblot.（大野忠男・木村健康・安井琢磨訳『理論経済学の本質と主要内容』二冊、岩波書店、一九八三—八四）

——— 1912. *Theorie der wirtschaftlichen Entwicklung.* Leipzig:Duncker & Humblot.（第7章のみ：佐

瀬昌盛訳「国民経済の全体像」玉野井芳郎監訳『社会科学の過去と未来』ダイヤモンド社、一九七二）

——— 1914. *Epochen der Dogmen- und Methodengeschichte.* Tübingen: J.C.B. Mohr.（中山伊知郎・東畑精一訳『経済学史　学説ならびに方法の諸段階』岩波書店、一九八〇）

——— 1915. *Vergangenheit und Zukunft der Sozialwissenshaften,* Leipzig: Duncker & Humblot.（矢嶋喬四郎訳『社会科学の未来像』講談社、一九八〇）

——— 1918. *Die Krise des Steuerstaat,* Graz und Leipig, reprinted in Aufsätze zur Soziologie, Tübingen, J.C.B.Mohr, 1953.（木村元一、小谷義次『租税国家の危機』岩波書店、一九八三）

——— 1919. "Sozialistische Möglichkeiten von heute," Archiv für Sozialwissenschaft, Vol.X L VI, reprinted in Schumpeter 1952.（大野忠男訳『今日における社会主義の可能性』創文社、一九七七に所収）

——— 1924. "Der Sozialismus in England und bei uns," Österrreichischer Vorkswirt,Reprinted in Schumpeter 1952.

——— 1926. *Theorie der wirtschaftlichen Entwicklung :Eine Untersuhung über Unternehmergewinn, Kapital, Zins und der Konjunkturzyklus.* 2nd.revised ed. Leipzig: Duncker & Humblot.（塩野谷祐一・中山伊知郎・東畑精一訳『経済発展の理論』二冊、岩波書店、一九七七）

——— 1926 a. "Gustav v. Schumollar und die Probleme von heute." *Schumollars Jahrbuch* 50: 337-88. Reprinted in Schumpeter 1954a（中村友太郎・島岡光一訳「歴史と理論　シュモラーと今日の

問題」玉野井芳郎監訳　『社会科学の過去と未来』ダイヤモンド社、一九七二）

——— 1927 "Die sozialen Klassen im ethnisch homogenen Milieu," *Archiv für Sozialwissenschaft und Sozialplitik,* vol.57, in *Imperialism and Sosial Classes,* Translated by Heinz Norden,Edited with an Introduction by Paul M.Sweezy, Augustus M. Kelly. Inc., New York, 1951.（都留重人訳『帝国主義と社会階級』岩波書店、一九五六に所収）

——— 1928, "The Instability of Capitalism" *Economic Journal,* vol.XXX VIII, September,pp.361-81.

——— 1934. *The Theory of Economic Development: An Inquiry into Profits, Capital, Credit, Interest, and the Business Cycle,* transl.by Redvers Opie. Cambidge, Mass.: Harvard University Press.

——— 1939. *Business Cycles: A Theoretical ,Historical,Statistical Analysis of the Capitalist Process,* 2vols. New York: MacGraw-Hill.（吉田昇三監修『景気循環論』五冊、有斐閣、一九五八／六四）

——— 1942. *Capitalism, Socialism and Democracy.* (2 nd ed. 1947, 3 rd ed. 1950). New York: Harper & Brothers.（中山伊知郎・東畑精一訳『資本主義・社会主義・民主主義』三冊、東洋経済新報社、一九五一／五二）

——— 1946. "Capitalism," Encyclopaedia Britannica, vol. IV, Reprinted in Schumpeter 1951.（大野忠男訳『今日における社会主義の可能性』に所収）

——— 1949. "Science and Ideology." *American Economic Review* 39.2:345-59. Reprinted in

Schumpeter 1951.

——— 1950, "The March into Socialism," *American Economic Review,* Vol. XL, reprinted in *Capitalism, Socialism and Democracy,* 3ed.（この論文の邦訳は上掲書に所収）

——— 1951. *Essays of J. A. Schumpeter,* ed. By R.V. Clemence.Cambridge, Mass.: Addison-Wesley Press.

——— 1952. *Aufsätze zur ökonomischen Theorie,* ed.by E.Schneider and A.Spiethoff, Tübingen, J.C.B.Mohr.

——— 1953 *Aufsätze zur Soziologie,* ed. by E. Schneider and A. Spiethoff. Tübingen: J.C.B. Mohr.

——— 1954. *History of Economic Analysis.* New York :Oxford University Press.（東畑精一訳『経済分析の歴史』七冊、岩波書店、一九五五／六二）

——— 1954a. *Dogmenhistorische und biographische Aufsätze,* ed.by E. Schneider and A. Spiethoff. Tübingen : J.C.B.Mohr.

——— 1994. *History of Economic Analysis,* London: Routledge.（東畑精一、福岡正夫訳『経済分析の歴史』、三分冊、岩波書店、二〇〇五―〇六）

Sen,Amartya. 1999. *Development as Freedom,* Alfred A. Knopf,New York.（石塚雅彦訳『自由と経済開発』、日本経済新聞社、二〇〇〇）

Shionoya,Yuichi. 1990. "The Origin of the Schumpeterian Research Programme:A Chapter Omitted from Schumpeter,s Theory of Economic development," *Journal of Instititional and Theoretical Economics,* 1990, Vol.146:2.

——— 1997. *Schumpeter and the Idea of Social Science, A Metatheoretical Study,* Cambridge University Press, Cambridge.

Smithies , A. 1981. "Schumpeter's Predictions," in *Schumpeter's Vision.*

Stolper, Wolfgang F. 1988. "Development : Theory and Empirical Evidence," In H.Hanusch,ed. 1988.

Swedberg ,Richard. 1991. *Joseph A.Schumperter, His Life and Work,* Cambridge, Polity Press.

——— ed.1991b. *Joseph A. Schumpeter ,The Economics and Sociology of Capitalism.* Princeton: Princeton University Press.

Sweezy,Paul.1951. "Introduction to J.A.Schumpeter," *Imperialism and Social Classes.* New York: Augustus M.Kelly.

Taylor,O.H. 1951. "Schumpeter and Marx:Imperialsm and Social Classes in the Schumpeterian System" *Quarterly Journal of Economics* 65.4:525-55. Reprinted in Wood 1991.

Winterberger,G. 1983. *Über Schumpeters Geschichtsdeterminismus,* Tübingen, J.C.B. Mohr.

Wood,John Cunningham,ed.1991. *Joseph A.Schumpeter:Critical Assessments.* 4vols. New York:Routledge.

Yoshio,Hirokazu. 2005. "Schumpeter's Theory of Scientific Evolution: Economic-sociological Analysis" *The Shumei Journal* Vol.II

【著者略歴】
吉尾博和（よしお・ひろかず）
1951 年、北海道に生まれる。
千葉大学大学院人文社会科学研究科博士課程修了。（学術博士）
1988 年、八千代国際大学専任講師、助教授。校名変更を経て現在、秀明大学教授。
著作 "Schumpeter's Theory of Scientific Evolution: Economic-sociological Analysis" *The Shumei Journal* Vol. II（2005）
「シュンペーターの経済社会学と資本主義進化」千葉大学大学院『人文社会科学研究』第 22 号（2011）
「シュムペーターの経済社会学と封建制度の進化」千葉大学大学院『人文社会科学研究』第 23 号（2011）など。

シュンペーターの社会進化とイノベーション

2015 年 6 月 20 日　初版第 1 刷印刷
2015 年 6 月 30 日　初版第 1 刷発行

著　者　吉尾博和
発行者　森下紀夫
発行所　論 創 社
東京都千代田区神田神保町 2-23　北井ビル
tel. 03（3264）5254　fax. 03（3264）5232　web. http://www.ronso.co.jp/
振替口座　00160-1-155266
装幀／宗利淳一
印刷・製本／中央精版印刷　組版／フレックスアート
ISBN978-4-8460-1421-6　